天才作家 三島由紀夫の描く死後の世界

Ryuho Okawa
大川隆法

本霊言は、2012年2月1日（写真上・下）、幸福の科学総合本部にて、
質問者との対話形式で公開収録された。

まえがき

私が大学に入学する数年前に、三島由紀夫は、市谷《いちがや》の自衛隊駐屯地で檄《げき》を飛ばしたものの、隊員に決起を促すことができず、自決《じけつ》して果てた。今、天才作家三島由紀夫が、この八月、九月の竹島問題や尖閣諸島問題、中国の激しい反日デモ、領海侵犯などを見たら、「俺《おれ》の言ってた通りじゃないか。」ときっと言ったことだろう。

私が在籍《ざいせき》していた頃にも、教授がその答案の流麗《りゅうれい》な文章をほめたたえるほどの秀才であり、東大法学部、剣道部の先輩でもあった三島由紀夫。その文学的天才性はつとに認めていたものの、政治思想の結末に同調できなくて、距離を置いていた時間が長かった。今にして思えば、吉田松陰的、先駆《せんく》的予言者と位置づけるのが正しかろう。心ならずも、三島の未完の事業を私が完成させ、更《さら》に、未来社会を拓《ひら》くための遺言を書き連《つら》ねているのかもしれない。高天原《たかまがはら》から投げかけられた、この「憂国のメッセージ」に合掌《がっしょう》!!

二〇一二年　九月二十五日

幸福《こうふく》の科学《かがく》グループ創始者兼総裁《そうししゃけんそうさい》　大川隆法《おおかわりゅうほう》

天才作家　三島由紀夫の描く死後の世界　目次

まえがき　1

天才作家　三島由紀夫《みしまゆきお》の描《えが》く死後の世界

二〇一二年二月一日　三島由紀夫の霊示《れいじ》
東京都・幸福の科学総合本部にて

「霊言現象《れいげんげんしょう》」とは、あの世の霊存在の言葉を語り下ろす現象のことをいう。これは高度な悟《さと》りを開いた者に特有のものであり、「霊媒現象《れいばいげんしょう》」(トランス状態になって意識を失い、霊が一方的にしゃべる現象)とは異なる。

なお、「霊言」は、あくまでも霊人の意見であり、幸福の科学グループとしての見解と矛盾《むじゅん》する内容を含《ふく》む場合がある点、付記しておきたい。

天才作家　三島由紀夫《みしまゆきお》の描《えが》く死後の世界

二〇一二年二月一日　三島由紀夫の霊示
東京都・幸福の科学総合本部にて

三島由紀夫《みしまゆきお》（一九二五～一九七〇）

日本の小説家、劇作家。東京生まれ。東京大学法学部卒。代表作は『潮騒《しおさい》』『金閣寺』『憂国《ゆうこく》』『豊饒《ほうじょう》の海』など。晩年、民兵組織「楯《たて》の会」を結成し、右翼《うよく》的政治活動を行う。一九七〇年十一月二十五日、陸上自衛隊市ケ谷《いちがや》駐屯《ちゅうとん》地《ち》においてて自衛隊員にクーデターを呼びかけるが果たせず、割腹《かっぷく》自殺した。

司会
武田亮《たけだりょう》（幸福の科学副理事長 兼 宗務《しゅうむ》本部長）

質問者　※質問順
渡邊伸幸《わたなべのぶゆき》（幸福の科学広報局局長補佐《ほさ》）
高間智生《たかまともお》（幸福の科学メディア文化事業局担当チーフ）
吉川枝里《よしかわえり》（幸福の科学第五編集局長）

［役職は収録時点のもの］

1　右翼系《うよくけい》の霊人《れいじん》についてもフェアに調べたい

三島由紀夫について「意味深」な反応をした松本清張霊《まつもとせいちょうれい》

大川隆法　昨日《さくじつ》（一月三十一日）、松本清張《まつもとせいちょう》の霊言《れいげん》を収録したのですが（『地獄《じごく》の条件――松本清張・霊界の深層海流』〔幸福の科学出版刊〕として発刊）、そのなかで、質問者が、「三島由紀夫は、今、どうしていますか」と松本清張の霊に訊《き》いたところ、「あなたがたは、自分で呼べるんだろう？　自分で調べたらいいじゃないか」と言い返されました。

確かに、そうかもしれませんが、それは、何か意外に「意味深」な言葉だったようにも思われます。

昨日《きのう》のテーマは、左翼系《さよくけい》の信条を持った松本清張についてでしたが、彼は、社会悪を追及《ついきゅう》する左翼的な作家であり、いちおう正義を実現しているつもりではあったのだろうと思います。

「こんな理不尽《りふじん》があってよいのか」という思いで、犯罪者に転落した個人や、構造的、制度的な社会悪について追及し、彼なりの社会正義を追求していたつもりでいたのでしょうけれども、「死後、どうも、いい所にはおらず、地獄界にいるらしい。また、お仲間もいるらしい」という事実が、昨日の霊言で明らかになりました。

その過程で、他の作家や物書きについての質問がいろいろ投げかけられ、「彼らは、今、どういう世界にいますか。あなたの近くにいますか」というようなことを訊いてみたのですが、三島由紀夫についてだけ、ほかの人と少し違《ちが》う反応があったように感じました。

この人についてだけ、「どうぞご自分でお呼びください」と、チャレンジングな言い方をされたことが、非常に気になったのです。

松本清張と三島由紀夫は作家として対極的な立場にあった

大川隆法　松本清張と三島由紀夫は、作家としては、ある意味で、対極的な立場にある人なのではないかと思います。

松本清張は、北九州の小倉《こくら》に生まれ、高等小学校卒で社会に出て、差別も受けつつ、苦労しながら這《は》い上がってきて、作家になり、社会悪的なものを暴《あば》く作品を書いていったわけですが、一方の三島由紀夫は、「いいところのボンボン」です。

彼は、学習院（初等科・中等科・高等科）と東大法学部を出ていますし、中等科時代に書いたと思われる『花ざかりの森』が、東大法学部進学のころ（一九四四年）に出版されるという、非常に恵《めぐ》まれたスタートを切っています。そのあと、現在は財務省になりましたが、昔の大蔵省に入り（銀行局勤務）、そう長くは勤めずに、辞《や》めて作家になったわけです。そういう意味では、昔のエリートであったことは間違いないと思います。

三島由紀夫は、作家活動をしていくなかで、いろいろな小説を書いているため、一律には言えないのですが、なかには政治思想的な傾向《けいこう》のある作品もあります。

したがって、松本清張を左翼系と見れば、三島由紀夫は、どちらかと言えば右翼系、あるいはウルトラ右翼に近い考えも持っていたのではないかと思われます。

彼は、「楯《たて》の会」という組織をつくって、自衛隊に仮入隊をしたりしましたし、ちょうど七十年安保闘争《あんぽとうそう》が盛り上がり、左翼によるものすごい革命運動が起きていたときに、「このままではいけない」ということで、日の丸の鉢巻《はちま》きを締《し》め、軍服にも似た「楯の会」の制服を着て、「楯の会」の会員と共に市谷《いちがや》にある陸上自衛隊駐屯地《ちゅうとんち》に乗り込《こ》みました。そして、バルコニーから自衛隊員に演説をしたわけです。

当時、私には、テレビ中継《ちゅうけい》で、その映像を見た覚えがあります。

彼は、自衛隊に決起を促《うなが》すような檄《げき》を飛ばしていましたが、結局、自衛隊は、クーデターのための一斉《いっせい》決起、一斉蜂起《ほうき》をしませんでした。そのため、彼は、総《そう》監《かん》室に立てこもり、予定どおり、日本古来のしきたりに則《のっと》って切腹をして、ナンバーツーの森田必勝《もりたまさかつ》に介錯《かいしゃく》をさせ、その森田必勝も、また切腹して死んだのです。

その意味で、これは、非常に生々しい事件ではありました。

それは一九七〇年のことであり、三島は四十五歳《さい》だったと思いますが、私は、そのときのことをはっきりと覚えています。

ちょうど、彼の反対側にいたのが、丸山眞男《まるやままさお》などが指揮をし、政府を倒《たお》すべく日米安保反対のデモ闘争をしていた人たちです。

一方、三島は、右寄りの側であり、自衛隊を決起させて、「日本は、侍《さむらい》国家として立て！」というような感じの檄を飛ばしていました。要するに、国体をめぐっての争いが行われていたのだと思います。

結局、三島は、「切腹をする」という昔ながらの武士の死に方をしてみせたわけです。

三島に関しては、私も、何度か調査をしようと思ったのですが、実際には、一度も招霊しませんでした。あまりにも凄惨《せいさん》な死に方だったため、その印象が抜《ぬ》け切れず、あの世で彼がどうなっているかが分からなかったからです。

転生輪廻《てんしょうりんね》を信じ、宇宙人マニアでもあった三島由紀夫

大川隆法　去年（二〇一一年）、私はアジア巡錫《じゅんしゃく》（インド、ネパール、フィリピン、香港《ホンコン》、シンガポール、マレーシア、スリランカを歴訪）を行いましたが、そ

の予定のなかに、最初はタイも入っていました（洪水《こうずい》のため中止）。三島の小説『豊饒《ほうじょう》の海』四部作のなかの第三巻『暁《あかつき》の寺』は、タイが舞台《ぶたい》になっているのですが、『豊饒の海』そのものが、壮大《そうだい》な転生輪廻《てんしょうりんね》の物語なのです。

三島は、仏教の勉強をしていて、転生輪廻も信じていました。彼は、昭和四十二年ごろに、奥《おく》さんと一緒《いっしょ》に招かれて、インドやラオス、タイ等を巡《めぐ》り、かなり影響《えいきょう》を受けたらしいのです。

彼の言葉に、「人間には、インドに行ける人と行けない人がいるのだ」というような、予言的な言葉があるのも印象的です。「インドに行ける人と行けない人がいて、行けない人は、一生、行けないが、行ける人は行けるのだ。そして、インドに行ける人にも時期があって、そのときが来なければ行けないのだ」というようなことを言っていたのを覚えています。

確かに、私も、インドに行くのはなかなか大変でした。

おそらく、インドやタイに行ったことが、彼の人生にかなり大きな変化を起こしたのだろうと推定されます。

彼の作風は、いろいろなジャンルについて書いているので一概《いちがい》には言えないのですが、「最期《さいご》の死に方等には、本人の書いた『憂国《ゆうこく》』という小説の影響が強く出ているのではないか」と言われています。切腹自殺をする場面などが、その小説のなかに書かれているので、彼の死には、作品を地で行《い》ったようなところもあるでしょう。

また、彼には、『美しい星』というSF的な作品もあります。彼は、宇宙人などにも関心を持っていたようで、一時期、宇宙人マニアのような感じで、ちょっとファナティック（狂信的《きょうしんてき》）になっていたようです。

そのように、「作品のなかに宇宙人が出てきたり、『防衛のために、自衛隊は、今のような腰抜《こしぬ》け状態では駄目《だめ》だ。しっかりしなさい』と言ったりするところは、何となく、当会にも似たところがあるのではないか」と疑われるので、「そのへんが、松本清張霊の含《ふく》みだったのかな。彼は、そういうことを、少し言いたかったのではないか」という感じを私は受けています。

大作家に成長する可能性もあった三島の惜《お》しまれる死

大川隆法　私には、高校三年のころに、「三島由紀夫は、なぜ自決したのか」ということについて、友人と議論をした記《き》憶《おく》があります。その友人は、私と一緒に東大法学部に行った人なのですが、彼は、「やはり、軍国主義的な右翼思想の帰結ではないか」と言っていました。それに対して、私は、「そうかもしれないが、もしかしたら、作家として作品に行き詰《づ》まりを感じたのではないかという気がする」と話したのを覚えています。

もちろん、三島は多彩《たさい》な作品を書いているので、長生きをしたなら、さぞや大全集を遺《のこ》すような大作家になったでしょうし、彼の小説は、外国語に翻訳《ほんやく》しても非常に分かりやすい文章であり、ノーベル賞なども取れるようなタイプの人であったのではないかと思われます。その意味で、惜《お》しいと言えば惜しい方です。もし、あと二、三十年でも小説を書いていたならば、「漱石《そうせき》、鷗外《おうがい》、三島」という、日本文学史上の大きな山脈になった可能性もあるので、残念な感じがしないわけではありません。

私から見ると、彼の小説を読んでも、それほど、法学部的な文章というか、法律の勉強をした人の文章のようには感じないのですが、いわゆる文芸評論家が書いた感想などを読むと、いちおう、法律をやった人の文章には見えるようです。「きちんと論理構成をして、いろいろと細かくビシビシと詰めていくようなところが、いかにも法律的な感じがする」と言っている人もいるのです。

ただ、法学部にいた者として述べるならば、法律の文章は、小説のように書いたらアウトです。すなわち、論理的で、ちょっと硬《かた》い文章というか、緻密《ちみつ》な文章を書かなければならず、いちおう、小説とは文章を使い分けなければ駄目なのです。

彼の時代は戦後まもないころなので、よくは分かりませんが、大蔵省に行ったということであれば、彼は、東大法学部の上位一割に入っていたはずです。したがって、おそらく、小説とは違う文体の、法律的な文章も書けたのだろうと推測するしかありません。

私の学生時代には、教授たちのなかにも、まだ三島由紀夫を覚えている人はだいぶいました。行政法の教授などは、講義中に三島由紀夫に触《ふ》れて、「彼の本名は平岡《ひらおか》君と言うんだけど、平岡君の答案は実に見事でしたねえ」というようなことを言っていました。

あとからそのように言うのは簡単なので、私は、「本当に覚えているのかなあ。

何十年もたつのに、何百枚も答案を読んでいるなかで本当に覚えているのだろうか。後づけで言っているだけなのでないか」という気がしたのです。

教授が「実に見事な答案でしたねえ」などと言うのを聞いて、「嘘《うそ》だ」と思った記憶があります。もし、三島由紀夫の小説のような答案を書いたら、いい点数をくれるはずはありません。答案では、その反対の、もう少し違う文章を書かなければ駄目なので、その教授は、あとから美化して言っていたのでしょう。「『私が教えた』ということを言いたいだけなのではないか」という気がしたことは事実です。

彼は、そのように、いちおうエリートではありましたし、大作家に成長する可能性もあったのですが、彼の政治思想によるものなのか、ちょっと普通《ふつう》では考えられないような、自決という最期を迎《むか》えたわけです。

割腹《かっぷく》自殺の理由は「作家としての限界」を感じたから？

大川隆法　三島由紀夫が亡《な》くなったのは、一九七〇年、四十五歳のときでしたので、私よりワンゼネレーション上になります。私の父より四つ年下であり、もし生きていれば、八十代後半でしょう。

彼が自決したとき、私は中学校に上がったころだったと思いますが、それを覚えているのは、ちょうど、私の兄が大学受験の前で、盲腸《もうちょう》か何かの手術をした時期だったからです。兄は、「三島由紀夫が割腹《かっぷく》自殺をしたが、自分も同じころに〝割腹〟をした」などと高校の合格体験記に書いていたので、時期がいつごろであったかを、よく覚えているのです。

三島が自決した理由については、謎《なぞ》であり、よく分からないところがあります。ただ、私たち自身、「自分たちの意見をいろいろと発表しても、その言論によって、世の中を完全に動かすことはできない」という意味での無力感や焦《あせ》りを感じることがありますが、それと同じように、三島も、「自分は有名な作家だが、政治的主張や信条を作品に書いても、それで世の中が動くわけではない」ということに対する無力感のようなものを感じていたのかもしれません。

それで、「やはり、何か行動をしなければならない」という気持ちに駆《か》られて「楯の会」をつくり、会員四人と自衛隊に乗り込んだのでしょう。四人ぐらいではどうにもならないと思うのですが、「自衛隊員に檄を飛ばしたら、みな決起するのではないか。安保では左翼側から革命運動が起きたけれども、逆に、反革命運動のようなものが起きて、日本が侍国家に変わるのではないか」などと妄想《もうそう》したのかもしれません。

つまり、作家としての限界のようなものを感じて、そういう指揮をしてみたかったのかなと思われるのです。このあたりに、何か内面的な限界があったのかもしれません。

また、彼は、幼少時には意外に病弱で体が弱く、神経質なタイプだったようです。そのため、剣道《けんどう》やボディービルなどをやって体を鍛《きた》え、筋肉モリモリのマッチョマンになって、やたらに筋肉美を見せるようになっていったのですが、そのあたりにも、ある意味で、非常に屈折《くっせつ》したものがあったのかもしれません。

剣道も五段ぐらいは取っていたと思いますが、ひ弱なボンボンから、日本刀を振《ふ》りかざすようなマッチョマンになるところまで、自分を鍛えたわけです。

私は、いちおう東大剣道部の三島の後輩《こうはい》に当たるのですが、彼がそういう武士道の実践《じっせん》のほうに入っていったところには、何とも言えないものがあります。彼には、それなりに悩《なや》みがあったのかもしれませんし、育ちのよいエリートであっても、本人の見ているものは違ったのかもしれません。

法律を勉強しすぎると「文学的才能」が消えていく

大川隆法　また、彼には、「高校時代に『広辞苑《こうじえん》』を一冊読んだ」という説もあるぐらいなので、学問としての法律学などを勉強しても、おそらく面白《おもしろ》くなかっただろうと思います。

それは、私にもよく分かります。文学的な才能やセンスのあるタイプの人というのは、法律学をやると、どんどん心が乾《かわ》いてきて、駄目になってくるのです。それは、私も如実《にょじつ》に感じました。法律をやりすぎると、心が乾燥《かんそう》してきて、そういう文才のようなものが、消しゴムで消すように消えていく感じがするのです。

私も、実際に同じようなことを体験しました。私は、どちらかというと思想や文学系統のほうが合っている魂《たましい》であり、自分でも、そちらのほうが向いているという自覚はあったのです。

けれども、たまたま兄のほうが哲学科《てつがく》へ行ってしまったので、「二人続けて親不孝をしてはいけない。就職先がないような分野に進んではいけない」ということで、本当はあまり好みではなかったのですが、つぶしのきく法学部に行ったわけです。

結果は、そのとおり、親の面倒《めんどう》を見なければいけなくなりました。

私は、いちおう政治学科卒ということにはなっているものの、法律学を二年間勉強していたので、別に法律学科卒でも構わないのです。ただ、二つの学科を卒業すると学費が倍額になるため、それを惜しんで、学科だけを変えて卒業したのですが、本当は両方勉強しているので、実質的には法律学科卒兼《けん》政治学科卒なのです。

そういう意味で、私は、法律学科を卒業した人と比べて遜色《そんしょく》がない程度に、法律のほうも勉強したわけですが、法律を二年間やると、文学的才能というか、そういう思想や文学のほうの才能が消えていくのをはっきりと感じました。

政治学科に変えたのも、そちらには、政治学や思想、あるいは経済学等、まだ〝逃《に》げ場〟がだいぶあって、完全に心が枯《か》れずに済むという感じがあったからです。

そのように、私には、三島に対して、いろいろと変なところで思い入れがあるのです。

右翼系《うよくけい》の「三島文学」は地獄《じごく》に通じているのか

大川隆法　私が霊能者になってからは、彼の死に方から見て、どんな感じで来るかが分かりませんし、ずっと長く居座られても困るので、あまり接触《せっしょく》しないように努力をしていました。

ちなみに、私がニューヨークにいたときに、先輩が何回か連れていってくれた高級ピアノバーがあったのですが、その店では、音楽の学生でニューヨークに留学していた、きれいな日本人女性がピアノを弾《ひ》いていました。

その女性は、「三島由紀夫のことなら何でも知っている」というほどの三島ファンであり、全作品を読んでいて、何を訊いても知っているような感じだったため、話を合わせようと思ったら、こちらも三島の作品を読まなければなりませんでした。ただ、三島由紀夫の批判をすると、ものすごく怒《おこ》り始めるので、三島ファンのふりをして話しかけなければならず、そのために少しだけ読んだことはあったのです。

最近も、彼の作品を読み直そうと思ったことがあるのですが、やはり、そのときが来ていないのか、なかなかその気になれませんでした。けれども、昨日《きのう》、松本清張の霊に、「直接、本人を呼んだらいい」と言われたので、いちおう調べてみなければいけないなと思った次第《しだい》です。

死後、四十年以上たっているので、少し浄化《じょうか》されているか、心境的に変わってきているか、あるいは、天国に還《かえ》っている可能性もないわけではありません。ただ、直接、彼を呼んだことはまだ一度もありませんが、彼の本を読むときに、何となく距離《きょり》感があることを見れば、まだ何か障《さわ》りが残っているのではないかという感じはあります。

今日も、私の前には、万一に備えて、霊人を引き受けるためのチャネラーが座っていますが、なるべく煩《わずら》わさずに済ませたいと思っています。

実は、昨日《きのう》、松本清張の霊から、「霊界では、『大川隆法は、閻魔《えんま》大王の生まれ変わりだ』という評判がほぼ確立している」と言われました。この「霊界では」という部分は、「地獄《じごく》界では」と言い換《か》えてもよいのかもしれませんが、私のどこがそんなに怖《こわ》いのか、ちょっと意味不明ではあります。

もしかすると、このように、いろいろな霊人について探索《たんさく》していくところが、恐《おそ》れられているのかもしれません。「本当かどうか。実際はどうなのか」などと、吟味《ぎんみ》をし、探索をして、一つひとつ潰《つぶ》していこうとするところが、少し閻魔大王に似ているのでしょう。

みな、〝お白州《しらす》〟に引っ張り出されて、暴かれるのが嫌《いや》なのだろうと思います。私が閻魔大王なのかどうかは知りませんが、確かに、「左翼のほうだけが地獄に通じている」というような言い方はフェアではないので、当会は、「右翼系にも問題はある」ということを認めているわけです。

例えば、右翼系の宗教についても、「統一協会やモルモン教などには問題がある」ということは認めているのですが、さらに、宗教ではない、右翼系の政治思想や文学等のなかにも、「天国的なるものがあるのか、それとも、地獄的なるものがあるのか」を詰めなければいけません。右にも左にも地獄への穴が開《あ》いているのかどうかを詰めなければ、やはりフェアではないだろうと思うのです。

したがって、「松本清張氏とは正反対の恵まれた環境《かんきょう》のなかに育ち、喫驚《きっきょう》な行動による最期を遂《と》げた天才作家は、その後、どうなっていて、霊界で何を見ているのか」ということを調べてみたいと思います。

また、彼には、UFOや宇宙人などにもずいぶん関心があったようですが、あの世で、そういうものとの接触があるのでしょうか。

このへんにも、関心がないわけではありません。

特に、「転生輪廻をはっきりと肯定《こうてい》して書いた作家である」という点は興味を引きます。ただ、自分が死ぬに当たって、おそらく転生輪廻をすると思って死んだに違いありませんが、このあたりの考え方に、本物の宗教家から見れば、「詰めに甘《あま》いものがあったのではないか」という気がしないわけではないのです。

彼には、このへんの転生輪廻の思想について、あの世に還ってからの感想等も、できれば訊いてみたいと思っています。

長くなりましたが、前置きとしては、そんなところです。

2 「自決」に込《こ》められた憂国《ゆうこく》の想い

作家・三島由紀夫の霊《れい》を招霊《しょうれい》する

大川隆法　では、招霊《しょうれい》に入ります。

（瞑目《めいもく》し、両手を上向きにして）

作家、三島由紀夫の霊よ。作家、三島由紀夫の霊よ。初めてお呼び申し上げます。作家、三島由紀夫の霊よ。初めてお呼び申し上げます。

幸福の科学総合本部に降りたまいて、われらに、あなたの現在ただいまの心境、考え、あるいは、生前の考えや行動について思っていること、さらには、われらを通して、この世の人々に伝えたいこと等がありましたら、どうか、それをお述べください。

昨日《さくじつ》は、左翼系《さよくけい》の松本清張氏の霊言も聴《き》きました。「楯《たて》の会」をつくり、自衛隊に決起を促《うなが》して最期《さいご》を迎《むか》えられ、さらには、転生《てんしょう》輪廻《りんね》も信じ、霊界も信じ、ＵＦＯや宇宙人も信じていたあなたからは、私たちが、どのように見えるのか。そして私たちに言うべき意見として何があるのか。何か参考にすべきことがあるのか。意見等がありましたら、ぜひ、それをお伺《うかが》いしたいと思います。

（四回、手を叩《たた》きながら）

三島由紀夫の霊、流れ入る、流れ入る、流れ入る、流れ入る。

（合掌《がっしょう》、約十五秒間の沈黙《ちんもく》）

三島由紀夫　（大きく息を吸い込《こ》み）はあ、ああっ！

武田　はじめまして。三島由紀夫先生でいらっしゃいますでしょうか。

三島由紀夫　そうだ。

武田　本日は、幸福の科学総合本部にお越《こ》しくださいまして、まことにありがとうございます。

三島由紀夫　うーん。

武田　昨今、私たちは、戦後の日本の文学界や思想界に影響《えいきょう》を与《あた》えられた大作家の方がたをお呼びして、お話を伺っております。昨日《きのう》は、三島先生もご存じかと思いますが、まさに先生の対極に位置する松本清張先生をお呼びいたしました。

三島由紀夫　うーん。

武田　そうしましたところ、三島先生のことにもお話が及《およ》んだため、松本清張先生に、「三島先生は、今、どのようなお考えをお持ちなのか」ということを伺おうとしたのですが、「それは、ご本人に訊《き》きなさい」と言われたのです。

そこで、本日は、三島先生ご本人から、今、霊界でお考えになっていることや、現代の日本人に伝えたいことなどを、お話しいただければ幸いです。どうぞよろしくお願いいたします。

三島由紀夫　うーん。

今もなお、日本を憂《うれ》えている三島由紀夫の霊《れい》

武田　まず、三島先生は、一九七〇年十一月二十五日に、市谷《いちがや》の自衛隊駐屯地《ちゅうとんち》でお亡《な》くなりになっているのですが、ご自身の死については受け入れていらっしゃるのでしょうか。

三島由紀夫　「受け入れる」とは、どういうことかね。

武田　つまり、お亡くなりになっているということを……。

三島由紀夫　分かってるよ、そんなこと（苦笑）。自決して、死んだのが分からないようで、どうする。

武田　分かりました。
それでは、その後の四十年を、どのようにお過ごしになったのか、簡単にご説明いただけないでしょうか。

三島由紀夫　うーん、憂《うれ》えとるよ。この国をな。うん。憂えておる。この国のありさまを憂えておる。

二十歳《はたち》にして敗戦を迎えたが、この国の情けない国体を憂えている。一作家の領分を超《こ》えて、この国を憂えている。

武田　それは、具体的には、今いらっしゃる世界において、作品を発表したり、あるいは誰《だれ》かと話をしたり、そういったことをされているのでしょうか。

三島由紀夫　うーん、いやな。私は、東大から大蔵省へ入ったが、「この国を変えられるか」と思ったものの、全然、そんな力はないことが分かったので、ペンでもって、この国を変えようと努力したんだがな。

なかなか、戦後の日本人の腰抜《こしぬ》けぶりは、直すことはできないでなあ。それを、何とかせねばならんと思って、心ならずも書いた作品もたくさんあるが、「なるべく多くの読者を惹《ひ》きつけて、次第《しだい》に自分の憂国の思想を広め、この国の国体をキチッとしたものに変えていかねばならん」と、そういうふうには思っていたのでね。今も、その思いに変わるところはない。

ただ、思い半ばと言うべきか、あるいは、思い行き詰《づ》まったと言うべきか、わが自決をもってしても、世の中を変えることができなかったことは、まことに残念である。

その意味において、吉田松陰《よしだしょういん》先生などが、幕府転覆《てんぷく》を目指して、自決にも似た死に方をされて、それが明治維新《いしん》につながったのに引き比べると、わが身のふがいなさに涙《なみだ》こぼるる思いである。

武田　それでは、やはり、国を変えるために、自決という方法を取られたわけでしょうか。

三島由紀夫　うーん。まあ、それは最終手段であり、できれば、自衛隊に檄《げき》を飛ばして、彼らに「男」になってもらいたかった。

今は少しは変わったかもしらぬが、当時の自衛隊なるものは、いちおうかたちだけであってね。まあ、消防隊の延長のようなものかな。まったく戦う気力のない、憲法で「戦ってはならない」と言われているような自衛隊であった。そんなことで、国を守り、主権を守り、国民を守れるのか。

やはり、二十歳《はたち》にして、国敗れしことを覚えている者として、「国が弱いということは、どういうことであるのか」ということは、よく分かっておるからね。だから、「私は早すぎた予言者なのかもしれない」とは思うが、それから四十年以上もたって、いまだに、あなたがたが政党までつくって似たようなことを言っているとするならば、やはり、私は早すぎた予言者であるのだろう。

誰も聞き入れる者がなく、経済的繁栄《はんえい》をもってよしとし、軍事的には何の力もないことをもって、「平和」と称《しょう》する輩《やから》が闊歩《かっぽ》しておった。また、日米安保《あんぽ》にも反対して、素手《すで》で国を守ろうとしておるのか、あるいは、「中共《ちゅうきょう》やソ連と仲間になれば、占領されることもない」と思うたのかは知らぬが、無告《むこく》の民《たみ》は漂流《ひょうりゅう》しておったわな（注。「中共」は中国共産党の略。一九七二年の日中国交正常化以前には、中国の別称としても使われた）。

生前、作家として「影響力《えいきょうりょく》の限界」を感じていたのは事実

武田　素朴《そぼく》な疑問なのですが、三島先生は当時、すでに大作家として有名でしたし、非常に才能溢《あふ》れる方でもありましたので、その筆の力によって、言論によって、今、おっしゃられたような、「国を変える」ということも可能だったのではないかと思うのです。そのあたりは、いかがでしょうか。

三島由紀夫　まあ、その言論もなあ、あなたは大作家と言ってはくれるが、小説家や物書きなど山のようにいて、競争も激しい世界であるから、一人にして世を動かすところまでは、そう簡単に行くものではないんだな。

私も、『豊饒《ほうじょう》の海』を書いたときには、「欧米《おうべい》の大作家のように、大作を書いたら、三、四年、遊んで暮らしながら充電《じゅうでん》して、次の大作の構想を練るような作家になりたい」と思ったが、現実は、やはり、それでは作家としては食べていけなくてね。

月刊雑誌等に小説を書かないと、生活が成り立たないぐらいのレベルであったので、「日本では、それだけの大型作家は、なかなか誕生しない」ということが残念ではあったなあ。「もっと長編を書くだけの資金力や余裕《よゆう》があって、次々と巨大《きょだい》な構想をつくりたい」という気持ちはあったんだがな。

だから、『豊饒の海』の第三部は『暁《あかつき》の寺』で、第四部が『天人五衰《てんにんごすい》』だな。

その第三部を書いた半年後ぐらいに自衛隊での自決事件が起きているわけだけれども、まあ、先ほど大川総裁がいみじくも言われたように、もちろん、右翼軍国主義と言われればそうなのかもしれないし、そういう政治思想により、あのような結論にまでまっしぐらに至ったのかもしれぬが、一方では、作家として、ある意味での限界を感じていたことも事実ではあるな。

武田　その限界というのは、どのようなものだったのでしょうか。

三島由紀夫　つまり、この国の国民が、私の言うことを分からんということだ。これは、あんたがたも、十分に理解しているんじゃないか。宗教をやっておればな。

わしは、あの世も転生輪廻も信じている人間だから、あんたがたの言うことは、よく分かるよ。だけど、戦後の日本人たちは、宗教を軽蔑《けいべつ》し、転生輪廻だの、あの世だのを忘れ果て、経済の奴隷《どれい》と化していたしな。

それから、宇宙人やUFOなどに関心を持ったりすると、まあ、それも、いわゆる奇人《きじん》変人の類《たぐい》であろうな。

だから、ある意味では、私は早すぎた予言者なのだよ。

「中国の走狗《そうく》」が毛沢東《もうたくとう》革命を起こそうとしていた安保闘争《あんぽとうそう》

武田　今、三島先生は、「転生輪廻を信じていた」とおっしゃいましたが、この信仰観《しんこうかん》と、先生の自決とは、何か関連があるのでしょうか。

三島由紀夫　まあ、「侍《さむらい》精神、武士道というものを復活させねば、この日本という国は、やっぱり駄目《だめ》になる」という感じはあったな。

こんな国ではなかった。少なくとも第二次大戦の敗戦を迎えるまでは、こんな国ではなかった。それまでの、日清《にっしん》、日露《にちろ》、あるいは、明治維新以降の日本人というのは、こんな日本人ではなかった。

もっと筋金が入っていたし、「正義のために、あるいは、お国のために、命を惜《お》しまない」という鋼《はがね》のような精神を持った日本男児、武士《もののふ》だった。

それが、軟派《なんぱ》思想に染まり、だらしなくも堕落《だらく》していく姿に対して、やっぱり活《かつ》を入れたいという気持ちはあったな。

だから、まあ、ショッキングではあろうけれども、日本人の本来の姿をお見せしたかったわけだ。

もちろん、単にだねえ、「市谷の自衛隊の駐屯地を不法占拠《せんきょ》して、人質を取り、逮捕監禁《たいほかんきん》罪や不法侵入《しんにゅう》罪で刑務所《けいむしょ》に入れられて、懲役《ちょうえき》十年とか、そのような刑に服したあとで解放されました」というような作家として、みじめに終わりたかったわけではなくて、やはり、「自分の死をもって、この国に一つの革命を起こしたかった」ということだな。

六〇年安保《あんぽ》、七〇年安保と、日本は左翼の革命思想のほうに動いていたが、結局、あれは、中国の毛沢東《もうたくとう》思想だよ。毛沢東革命みたいなものを日本で起こそうとしていたんだよ。

すでに、中国の走狗《そうく》はたくさん日本に入っていて、毛沢東革命を起こそうとしていたんだ。その証拠に、その直後、アメリカと中国とは、主義を超えて国交を結び、日本も同じことをやって、左に寄っていく流れになってきた。

私は、そういうものに抗《こう》して、やはり、あるべき姿を示したかったんだがな。

安保《あんぽ》闘争《とうそう》が実現していたら、日本は中国の植民地になったはず

武田　では、安保《あんぽ》反対運動の理論的主柱であった丸山眞男《まるやままさお》氏などは、やはり許す

まじき存在だったのでしょうか。

三島由紀夫　うーん。まあ、あの程度のイデオローグ（理論的指導者）が、全国の学生たちから神様のように祀《まつ》り上げられるということには、ちょっと納得がいかん面はあったな。

彼の勉強は非常に浅いものだしね。戦前の日本の軍国主義を、あのようなファシズム論で切っているつもりでいるというあたりの勉強の浅さは、何としても粉《ふん》砕《さい》せねばならんレベルのものではあったな。

あのレベルのものが、全国の学生を煽動《せんどう》してはならん。まあ、彼自身も、結局は大学を辞《じ》すことになったし、安保に挫折《ざせつ》して、学者としては不成仏《ふじょうぶつ》であったであろうから、「カルマ返しはあったのだろう」とは思うけれども、まあ、若干《じゃっかん》、残念な気分があったな。

ああいう間違《まちが》ったもののほうが、全国の何十万、何百万の学生たちを惹きつけて、組織運動をやり、大学を城のように占拠して、警察隊と戦ったわけだが、あれは「毛沢東の手下になる」ということだよ。

もし、それが実現していたら、日本は中国の植民地になっているんだよ。それがもう、実現する寸前まで来たんだ。六〇年安保、七〇年安保と、二回来て、もうちょっとで、やられる寸前だったよね。

今、君たちが、その四十数年後にやろうとしていることも、同じことじゃないか?「中国の植民地になっちゃいかん」と言っているんだろう?

まあ、あのころの中国に比べれば、今の中国は、ちょっとはましになっているよ。話し合いができる部分もあるし、香港《ホンコン》を吸収し、台湾《たいわん》も吸収しようと目指しておるからさ。半分ぐらいは西側のまねをしているところはあるから、昔より少しはましさ。まあ、変なところはいまだにあるがな。

ただ、あのころの中国について、日本のマスコミは正しい姿を伝えてはいなかった。毛沢東という独裁者によって、あれだけの思想弾圧《だんあつ》と大量殺戮《さつりく》が行われている共産主義の国が、あたかも理想国家のように喧伝《けんでん》され、その共産党の分子たち、細胞《さいぼう》たちが、全国の学生運動のなかに入り込んで、引っ繰《く》り返していった。

その流れのなかで、同時に、宗教思想も全部、葬《ほうむ》り去っていったと言うべきかな。そういう共産党運動のなかで、宗教やあの世を信じる心を葬り去り、ジャーナリズムを乗っ取ってきた。

つまり、「朝日ジャーナル」や岩波の「世界」などを主力にして、左翼洗脳を完全にかけてきた。洗脳は、本来、宗教がやるべきものなのに、宗教ならざるマルキシズムが洗脳をやって、日本はもう乗っ取られる寸前だった。「世界同時革命、インターナショナル（社会主義運動の国際組織）で世界を結ぶ」というような思想にかぶれて、もう本当にやられる寸前だったのでね。

国民を目覚めさせる予言者的立場にあった三島由紀夫

三島由紀夫　私の仕事というか、私の最期《さいご》などは、いわば「武士の一分《いちぶん》」だよ。武士としての意地を、ほんのちょっと見せただけなので、まあ、大した力にならないとは思うけれども、わが死をもって、自衛隊の諸君たちに、「いざというときは、国を守るべく立ち上がるように」ということを、遺訓として遺《のこ》したかったんだな。

当時、学生のデモ運動に対して、警察の機動隊が組織され、放水したりして戦っておったけれども、自衛隊というのは、本当に「火の用心」の世界でなあ。ありもしない火事のために見回っているような状態だったけど、「有事の際、もし、そういう尖兵《せんぺい》に攻《せ》めてこられたときにどうするのか」ということだな。

その後を見てもだな、まあ、その後というか、その当時もすでにそうだったけれども、中国で文化大革命等が起きていて、文化人に対する大弾圧が行われていた。四人組（注。江青《こうせい》、張春橋《ちょうしゅんきょう》、姚文元《ようぶんげん》、王洪文《おうこうぶん》の四名。文化大革命を主導したが、毛沢東の死後、全員が失脚した）がたいへん暴れてね、思想弾圧をして、私と同じ小説家や、あるいは思想家、言論人等は、そうとう殺されたし、さらには、お笑い系から始まって、さまざまな楽しみごとをやる芸能人まで殺された。

文筆界や芸能界などへの、そうした思想弾圧は、二〇一二年の今も、ある意味では続いているはずだよ。「西洋思想にかぶれた者を弾圧して、牢屋《ろうや》に入れる」ということをやっている。

当時は、それがもっともっとひどいレベルで行われていた。一族の者が身内を告発することでもって、逮捕し、牢屋にぶち込んだり、死刑にしたりするようなことが現実に起きておった。

わしはそれを知っておったから、「楯の会」をつくり、「日本を、そんな国にしてはならん」という意味で、非力ながら楯になろうとしたわけよ。大きな団体があればもっとよかったとは思うんだけれども、君らみたいな宗教組織を持っていたわけではないので、大したものはできなかったがね。

日の丸の鉢巻《はちま》きをして、右翼の街宣車の上でしゃべってるやつらと同じようにしか思われなかったところは非常に悔《くや》しいけれども、「戦前の日本を完全に否定しては駄目だ。日本精神のなかには、たぐいまれなる立派なものがあったんだ。世界に誇《ほこ》るものがあったんだ」ということを言い、国民を目覚めさせたかった。だから、私は、あなたがたの先駆者《せんくしゃ》としての予言者的立場にあると思っています。

武田　分かりました。

それでは、質問者のほうから、質問をさせていただきます。

3　三島由紀夫の「時代的使命」とは

本当に「人類滅亡《めつぼう》の危機」だった米ソ冷戦

渡邉　日本文学を代表する三島由紀夫先生にお話を伺《うかが》う機会を頂き、本当にありがとうございます。三島先生の憂国《ゆうこく》の思い、侍《さむらい》としての潔《いさぎよ》さ、生き方の美というものを感じさせていただいております。

「早すぎた予言者」というお言葉もございましたが、先ほどからお話を伺っておりまして、明らかに、天上界《てんじょうかい》で高い意識を持たれていらっしゃる方のように感じられます。三島先生は、あの時期の日本に、どのような使命を持って地上に降りられたのでしょうか。

三島由紀夫　まあ、天上界から見れば、それは、ちょうど冷戦が始まって、その真っ最中だわな。

八〇年代にレーガン大統領がゴルバチョフと話をして、その後、マルタ会談でソ連に負けを認めさせるまでの間は、米ソの冷戦が続いていて、「核《かく》戦争で世界が滅《ほろ》びるかも分からない」という恐怖《きょうふ》のなかにあった。

八〇年代ぐらいに生まれておる今の二十代の若い人たちには、たぶん実感がないであろうと思うが、「間違《まちが》った指示やボタン操作をしたら、核ミサイルが飛び交《か》って地球が滅びるかも分からない」というぐらいの、まさしく人類の危機が来ていた。それが八〇年代だね。

一時期は、「ソ連の共産主義が正しい」と思われていた。要するに、「五カ年計画や十カ年計画等、中央統制経済、計画経済が成功しているため、そういう共産主義をやっているソ連のほうが科学技術は上だ」という定評があって、「自由経済よりも計画経済のほうが優《すぐ》れている」と言われていた。

つまり、「自由経済は、各人がバラバラに小さな店を開いて儲《もう》けようとしているようなものであり、それが集積して大きな経済になるという、いいかげんな考え方だ。しかし、共産主義のほうは、計画経済で、国家のトップエリートである賢《かしこ》いノーメンクラトゥーラ（共産党政府の特権的幹部）たちが、未来を見通して計画しているから、ものすごく効率がよく、生産性が上がって、成功している。ソ連では、軍事技術をはじめとする、あらゆる科学技術や、工業力がものすごく向上しており、アメリカも危《あや》うし」と言われていたわけだ。

宇宙に出たのは、ソ連のほうが先だったはずだよな。それを見てケネディは、「月に人類を送る。アメリカ人を送り込《こ》んで星条旗を立てる」と言って、焦《あせ》って巻き返しに入ったんだよな。

だから、その時点では、すでに逆転が起きていたわけだ。第二次大戦が終わったときは、アメリカが世界一の大国だったのに、その後二十年たったら、ソ連のほうが優位に立とうとし始めていて、七〇年代は、「ソ連が優位ではないか。さらに、もし中ソが組めば、アメリカ以下の国も滅ぼされるのではないか」というぐらいの状況《じょうきょう》ではあったな。

ソ連や中共の正体は「国家という名の怪獣《かいじゅう》」

三島由紀夫　そのように、外向きでは、「ソ連や中共が大発展をしている。特に、重工業が非常に発展していて、アメリカも追い詰《つ》められている」という状況がありながらも、その一方で、国内では、文化人、知識人、思想家たちが、弾圧《だんあつ》され、殺されている現実があった。

ソ連であれば、シベリアなど、いわゆる「収容所群島」に送られて、次々に黙《だま》らされている現実があったし、中共では、数千万の人たちが殺された現実があった。そうした現実を漏《も》れ伝え聞いて、私は、「これには何か間違いが必ずあるはずだ。マッカーサー、間違えたり」と思ったな。

マッカーサーは、先の大戦での日本の真意を十分には理解していなかったと思う。日本の持っている大義を十分には理解していなかった。朝鮮《ちょうせん》戦争が起きて初めて、朝鮮半島の持つ地政学的意味が分かった。日本が、なぜ朝鮮半島を押《お》さえに入ったか。なぜ満州《まんしゅう》を押さえに入ったか。「ここを押さえなければ、ソ連の南下は止められない」ということを、マッカーサーは初めて知った。

それで、日本に対して、自衛隊をつくるように要請《ようせい》してきた。本当は、もっとはっきりとした防衛軍をつくってほしかったんだが、時の首相である吉田茂《よしだしげる》が、「経済的発展のほうを取ったほうが有利だ」と見て、アメリカを「日本の番犬様」と称《しょう》し、防衛予算を減らして経済発展のほうを取った。

だが、これは間違いだと私は思っていた。彼ら（ソ連や中国）のやっていることを、もし日本でやられたら、まあ、自決した人はどうでもいいかもしれないけれども、たぶん、私のような作家たちは、みな捕《つか》まえられて、牢獄《ろうごく》に入れられ、処刑《しょけい》される運命にあったはずであるので、「安政《あんせい》の大獄《たいごく》のようなものがまた起きるのだろうな」と思っていたよ。

明治維新《いしん》の志士たちが、安政の大獄で弾圧されながらも戦い、死んでいったのは、結局、明治維新という、四民平等の自由な社会をつくるためであって、そういう圧政下の弾圧社会をつくるために革命をやったわけではない。けれども、ロシア革命や中共革命の結果、生まれたものを見れば、これはいわゆるビヒモスやリヴァイアサンと言われるような、国家という名の怪獣《かいじゅう》だよ。これが共産主義国家の正体だ。

私は、それを見抜《みぬ》いたので、何とかそれを国民に知らせたかったし、国体を変えたかった。政治のほうも変えていきたかったんだけど、すでに中国が大きな存在となっていたので、中国と日本が歩み寄って貿易を大きくするような方向に流れていった。その流れは、現在の民主党政権まで続いてきているが、そのような、「政治思想はさておき、経済を優先する」という流れはあったと思う。

やはりねえ、「武士は食わねど高楊枝《たかようじ》」ではないけれども、正義というものを、一つ据《す》えなきゃ駄目《だめ》だよ。正義を据えないで金儲けのみに走ってはいけない。「資本主義の走狗《そうく》」という言い方は共産主義のプロパガンダではあるけれども、「エコノミック・アニマル」と言われて満足しているというか、自虐《じぎゃく》的に笑って済ませているようであっては、日本人の誇《ほこ》りが泣くよ。そんなことであってはいけないのではないかな。

今のアメリカが、まだ、かろうじてやれているように、「何をもって正義とするか」ということを、やはり、世界戦略と同時に国家戦略として持たねばならんと思う。

だから、私は、むしろ、「あなたがたは遅《おく》れてきたる者だ」と見ているよ。私ができなかったことを、四十年も遅れて、今、完成しようとしているのではないかと思っているなあ。

渡邊　ありがとうございます。

「政治思想家として成長したかった」というのが本心

渡邊　私は、最初、「三島先生には、文学者である司馬遼太郎《しばりょうたろう》先生や松本清張氏の人物評を伺いたい」と思っていました。しかし、先ほど吉田松陰《よしだしょういん》先生のお名前も出てきたように、三島先生は、どちらかというと、政治家や革命家などといった方がたに近いのでしょうか。

三島由紀夫　うん。まあ、文学者として分類されてはいるが東大法学部から大蔵省に入った経歴を見たら分かるように、もともと天下国家のほうに関心はあったからね。だから、いわゆる文学部系統の文学の人たちとは、エートス（持続的な特質、気風）は違うと思う。

つまり、私は、「国家の枠組《わくぐ》みや方針でもって、国を導きたい」という考えを持っていて、これは、法律や政治をやった人の特徴《とくちょう》だよな。本質的には、そういうものがちゃんと入っていた。

文学は、もう一つの才能ではあったのでね。それは、生きていくための糧《かて》として、あるいは、自由人として、自由なる思想家として、自分の意見を誰《だれ》に制約されることもなく述べるために、生業《なりわい》を立てていく上で必要だったものだ。

大蔵省であろうとも、公務員として勤めたならば、やはり国家の奴隷《どれい》であってね、思うようになりはしないということは、よく分かったよ。

それよりは、むしろ言論で立ちたかったし、そのためには、ある程度、食べていけるだけの作家にはならなければいけない。その意味での作家修業《しゅぎょう》はした。

また、「自分にはそういう作家の才能もある」と思っていたので、いろんな作品も書いた。心ならずも、少し軽いものや、あるいは、あなたがたから見れば、世の中を少し斜《なな》めに見たようなものも、だいぶ書きはしたけれどもね。でも、本当は、「最終的には、文学者から政治思想家まで成長したかった」という気持ちを持っていた。

「左翼《さよく》による洗脳」を解くのは、知識人や思想家の使命

三島由紀夫　ただ、あの安保闘争《あんぽとうそう》を現実に見た人は、国の危機が迫《せま》っているような感じがしていたのでね。今は、テレビで昔のフィルムを回しでもしないかぎり、

見ることはできないだろうけれども、全国の大学生たちが、本当に、もののけに憑《つ》かれたように、みなヘルメットをかぶり、マスクをし、タオルを巻き、角材を持って、勉強もせずに革命運動に励《はげ》んでいた。

それが正しいことならいいが、この国を滅ぼす方向に動いていた。授業を潰《つぶ》し、教授室もみな閉鎖《へいさ》し、大学を閉鎖して、まさしく、中共の占領《せんりょう》政策を全国の大学が代行しようとしていた。

これと戦えるのは、やはり知識人しかいないよ。警察は、武力というか、実行力でもって、彼らを排除《はいじょ》することはできたかもしれないけれども、思想では戦えない。自衛隊にも思想がないし、自衛隊は、憲法上、非常に立場が弱い。憲法改正ができないかぎり、非常に弱い立場にあって、日陰《ひかげ》の身であった。

だから、やはり思想家が戦うしかない。学生たちの洗脳を解くのは、思想家の使命であるからね。

そういう意味で、「自分はそれだけの任にある。自分がやらなければならない」と私は思ったな。特に、東大の教授陣《じん》が、左翼《さよく》にほとんどかぶれてしまったのは、実に情けないことであって、やはり許すまじきことだね。

大川隆法さんは、私の三十年ぐらい後輩《こうはい》なんだろうけれども、やはり、左翼政治学が東大の本郷《ほんごう》を仕切っている姿を見て、「これは駄目だ」と感じたようだね。まあ、私も気持ちは一緒《いっしょ》だよ。

真実を見抜く目がない者が学界の最高峰《ほう》にいたのでは、「これは、もう駄目だ」ということは分かる。

次に取るべきことは何かというと、それは経済だ。つまり、「自分の拠《よ》って立つ、独立した経済を立てて、自分の筆一本で戦う」というスタイルだよな。そういう意味では、同じではないかな。私は一緒だと思うよ。

大川隆法が東大に学者として残らなかった理由は、「思想的に間違っている」

と見たからだと思う。別に、東大教授の弟子《でし》になる気はなかったから、自分で経済を立て、自分の生活を立てて、本を出し、独自の組織をつくって、今、戦いを挑《いど》んでいるんだろう？　組織をつくれたところが、私よりは上だと思うが、やろうとしていることには、似たようなものがあるのではないかな。

あなたがたは、私のことを「狂信盲信《きょうしんもうしん》のウルトラ右翼」と思っているのかもしれないけど、決してそんなことはない。私が狂信的なウルトラ右翼なら、吉田松陰も狂信だろうしさ。もっと前にもいっぱいいて、大化《たいか》の改新《かいしん》だって盲信狂信かもしれないし、仏教を日本に入れようとした聖徳太子《しょうとくたいし》だって盲信狂信かもしれない。

この国の国体を変えるのは、大変なことなんだよ。それは、先が見える人間だけに分かることなのでね。

敗戦後のあの情けなさは、何としても変えなければいけない。

私は、かなりのベストセラーにはしたつもりではあるけれども、それでも、やはり自分が食べていくのが精いっぱいで、欧米《おうべい》の大作家並みの影響力《えいきょうりょく》はなかった。やはり、それは悔《くや》しかったね。世界的文豪《ぶんごう》までは行けなかったところがね。

渡邊　ただ、もし、三島先生が今も生きていらっしゃったら、ノーベル賞は間違いなかったのではないかとも言われています。

三島由紀夫　うん。まあ、そうかもしれないけれども、日本という国自体の情けなさについては、やはり、もうどうしようもないね。

渡邊　その状況は、現在もまだ同じだと思います。

4　石原慎太郎《いしはらしんたろう》氏に言いたいこと

渡邊　先ほど、民主党の話も出てきましたので、お伺《うかが》いしたいのですが、三島先生の目から見て、今、「これは」と思うような政治家はおりますでしょうか。

例えば、ご生前、お会いになっているはずですが、今、東京都知事をされている石原慎太郎《いしはらしんたろう》氏について、どのようにご覧になっていますか。

三島由紀夫　まあ、頑張《がんば》ってはいるようだけど、ずいぶん長生きしたよな。あの『太陽の季節』の男が、よくあの歳《とし》まで長生きしたな。ああいう『太陽の季節』みたいな小説を書くような男は、本当は早く死なないといかんですな。三十歳以上まで生きるというのは情けないことで、本当は三十歳ぐらいで死んでいないと、もう恥《は》ずかしいよ。よくも七十九歳までのうのうと生き延びたよなあ。あのへんは、ちょっと生き恥《はじ》をさらしとるな。

なんか、今、「新党をつくる」とか言うとるようだな。老いぼれが何を言うとるか。もう若い人たちにやらさなきゃいかん。あれは、老骨《ろうこつ》の度がすぎとる。そろそろ引導を渡さないといかんなあ。

「おまえは『太陽の季節』と一緒《いっしょ》に死ね。湘南《しょうなん》の海に飛び込《こ》んで死ね。弟が死んだら一緒に死ね」ということだな。

ちょっと体制に染まりすぎたんではないか。何だかんだと反体制のふりをしながら、体制に染まったんではないか。ちょっと、そのへんは、生きる知恵《ちえ》というか、ずる賢《がしこ》さを身につけたんではないかな。

だから、「石原よ、本当に初心を忘れていないかどうか、よく考えてみよ」と言いたい。

もし、単に老いぼれたために、ボケて踊《おど》らされているんだったら、それは、よく気をつけたほうがいいと思うよ。もう八十歳でボケたために、いいように利用されているなら、それは警戒《けいかい》しなきゃいけない。

大阪《おおさか》あたりの四十そこそこのやつに振《ふ》り回されるのではなくて、「おまえがやれ！」と言えばいいんだよ。「何を言ってるんだ。八十の年寄りを使うんじゃない。おまえがやれ！」と言えばいいわけだよ。今、使われようとしているんじゃないか。ああいうのはよくない。

ちょっと、身の処し方を考えないといけないよな。何回、都知事をやったら気が済むんだ？

もっと次の世代を育てなきゃいかん。「自分の息子《むすこ》が総理大臣を狙《ねら》っているようなときに、まだやっとるのか」ということだ。この老いぼれは、そろそろ引っ込めないといかんころだよな。

都庁の上で、割腹《かっぷく》せよ！　華々《はなばな》しくやりなさい。今のままでは、思想に殉《じゅん》じているとは言えん。まだ甘《あま》っちょろいな。

結局、裕次郎《ゆうじろう》に似たようなところが半分はあったわけだな。「半分は軟派《なんぱ》だった」ということだよ。

渡邊　なるほど。ありがとうございます。

5 「三島文学」で何を警告したかったのか

今の文学者たちは時代に媚《こ》びている

高間 「三島文学」を愛する者の一人として質問させていただきます。

以前、先生のデビュー小説である『花ざかりの森』を読ませていただいたとき、「本作が世に出た段階で、すでに作家として完成している」と感じました。おそらく、幼少年期から、人知れぬ研鑽《けんさん》や、言葉に対する鋭敏《えいびん》な感覚を磨《みが》くご努力などをなさってこられたものと推察いたしますし、「日本の現代文学のなかで、『世界性』を獲得《かくとく》しているのは、三島文学のみではないか」と、個人的には感じております。

そこで、そういった「世界に通用する文学」を創作する上での修練について、お教えいただければと思います。

三島由紀夫　今、「文学者」と言われている連中は、みな、〝下流の人々〟なんだよ。「下流」と言うと〝あれ〟なんだが、流されていっている人たちが多いんだよな。そういう連中は、上流に上ろうとはしていないね。

つまり、時代に流されて流されて流されて、下流に向かって泳ぎながら書いている人がほとんどのような気がする。それは情けないと思うなあ。「時代に媚《こ》びている」というか、「時代が今、こうなんだから、それをルポして書いているんだ」という感じのものが多いよな。

まあ、そういうものについては、「君らには『理念』というものがねえのか」と思うところはある。やはり、「文学者たちには、宗教家とは別のスタイルで、世の中を導く使命がある」と思うんだな。

私はトルストイほどの影響力《えいきょうりょく》を持ちえなかったので、まあ、残念ではあるが、文豪《ぶんごう》であっても、力があれば、一国を超《こ》えて、世界に影響を与《あた》えることができるわけだよな。だから、(文学者には)もうちょっと志が必要だし、人物的にも一級の人材が文学者にならなければいけないんだけども、今は、こういう不安定な職業には就《つ》かねえんじゃないか。

今は、(文学志望者は)みな、サラリーマンと化し、テレビ局や新聞社、雑誌社等に勤めて、「それでよし」としているのと違《ちが》うかな。

自分の名で言論を主張できないので、「いろんな人を舞台《ぶたい》に出させて踊《おど》らせることで、権力欲を満たしている」という状況《じょうきょう》が、現実ではないかな。まあ、「文《ぶん》士《し》として食っていくのは、けっこう厳しい」ということだろうな。

日本人よ、「武士道精神」を取り戻《もど》せ

三島　昨日《きのう》は、なんか、「ここの総裁（大川隆法）は閻魔《えんま》大王の生まれ変わりだ」という珍説《ちんせつ》を言われたそうだけども（松本清張霊《まつもとせいちょうれい》の発言。『地獄《じごく》の条件――松本清張・霊界《れいかい》の深層海流』所収）、閻魔大王にしては、なかなか経済力がおありのようで、「大きな団体を養える」というのは、大したもんだなあ。まあ、閻魔大王に大国主命《おおくにぬしのみこと》が取り憑《つ》いたようなものだな（会場笑）。

だけど、なかなかそうはいかんよ。普通《ふつう》は、家族を養うので精いっぱいで、組織を養えるまでの文筆力を持つのは、そう簡単ではない。

それは、新潮社だろうが、文藝春秋《ぶんげいしゅんじゅう》だろうが、講談社だろうが、「社長自らが筆を執《と》って、ベストセラーを打ち、社員の給料を払《はら》う」なんてことはできないよ。そんなこと、できるわけがないから、すごいと思うよ。今、「閻魔大王」プラス

「大国主命」が合体して現れているのかもしれんけどさ。そのへんはすごいとは思うけどね。

まあ、挑戦《ちょうせん》だな。「（大川隆法に）私がやれなかったことを、ぜひ、やっていただきたい」と思っておるけどね。すでに、それだけの構えはできているのではないかな。組織的な準備と、日本国内および世界に対する目は、もうできているから、やるべきものは見えているだろうと思うね。大川隆法の頭には、「共産主義殲滅《せんめつ》作戦」が立っていて、それを地上から完全に消滅させるつもりでいるのだろう。

結局、「思想の間違いを摘示《てきじ》する」というか、摘出して見せることが大事だよな。

（共産主義国家では）いまだに、あれだけの人権弾圧《だんあつ》、思想弾圧がやられているにもかかわらず、それに尻尾《しっぽ》を振《ふ》るような（日本の）大マスコミがいっぱいいいる。「自由の国で、こんなことがあっていいものか」と問えないのは、やはり情けないことだと思う。

そして、そういう国に、「生殺与奪《せいさつよだつ》の権」を握《にぎ》られていることが、どれほど危険であるかを知らなければいけないね。

必要なのは、ただ一つ、「武士道精神あるのみ」だよ。日本人が武士道精神を取り戻《もど》しさえすれば、そんなことはまかり通らないと思うなあ。

実際、中共なんかには、二回戦って、二回とも勝っているんだ。負けてなんか、いやしない。この国は、彼らみたいに、植民地になど、なってはいないんだ。「神々の護《まも》りたまう国」なんだからね。もっと誇《ほこ》りを持ってやらねばならんと思うね。

ソ連や中共と組んで世界を悪くしたアメリカの罪

三島　戦後、アメリカは、「日本に勝って、チャンピオンになった」と思い、喜んで六十何年を送ってきたんだろうけれども、「〝倒《たお》してはならんもの〟を倒した」という面もあることを知らなきゃいけないよ。「ソ連や中共と組んで、戦争に勝ち、チャンピオンになった」と思っているけど、その後、ソ連や中共のおかげで、世界がどれだけ苦労したと思っているんだ。アメリカの世界戦略のどこに間違いがあったか、分かっているのか。

アメリカ民主党のフランクリン・ルーズベルトが、「われは戦わず」「アメリカは戦争しない」なんとぬかしていたくせに、実際には嘘《うそ》をついて、世界を戦争に引きずり込《こ》んでいったけど、やはり、「ここに間違いがあった」ということを、ちゃんと反省させないといかん。

（アメリカは）戦争をやる気で、わざと日本を引きずり込んだはずだ。そういう、やってはならんことをやった。しかも、中共やソ連に比べれば、日本のほうが、アメリカにより近い国であったはずだ。

ソ連のスターリンが悪魔であることぐらい、みな知っておったよ。それはもう、チャーチルであろうが、アメリカ人であろうが、みな知っていた。あんなの、悪魔だよ。なあ？

それから、「あれほど毛沢東《もうたくとう》をのさばらした」というのは、やはり、けしからんことだ。まあ、蔣介石《しょうかいせき》のほうが勝っておれば、多少、その後の国が違っていたかもしれんけれども、アメリカが余計な介入をしたために、結局、中国の内戦問題になって、「蔣介石のほうが台湾《たいわん》に逃《に》げて、毛沢東に（中国本土を）取られてしまった」という、あんな大きなミスをしてしまったな。

あのミスがなかったら、世界がどれだけ平和だったか、分かるか？「ああいう判断のミスは、大国の指導者として致命《ちめい》的なものだ」と私は思う。だから、「未来の五十年が見えなかった」ということの罪は大きいよな。

まあ、（アメリカは）日本と友人になることで、それをカバーしてきたんだろうけれども、遅《おそ》きに失《しっ》したと思う。やはり、「向こうだって、それだけ見識のある指導者がいなかったんだから、自慢《じまん》できるほどのものではない」ということだな。

あのトルーマンというのは、ちょっと、いかんよ。ルーズベルトの嘘つき親父《おやじ》もひどいが、トルーマンというのも、本当は〝トロイマン〟だな（会場笑）。このばかが、本当に世界を悪くしおって、許しがたいよ。

「A級戦犯《せんぱん》」と称《しょう》して、日本人をいっぱい晒《さら》し者にし、サダム・フセインか何かみたいに扱《あつか》いおったけれども、日本の志のなかには、ちゃんとヨーロッパ列強の〝原罪〟を終わりにさせるものがあったんだ。

（第二次世界大戦では）本当に尊い三百万人の（日本人の）命が流れた。もちろん、そのなかで地獄に堕《お》ちた人も大勢いるだろうけれども、そのおかげで、何百年にもわたるヨーロッパの〝宿業《しゅくごう》〟を終わらせたんだよな。

（ヨーロッパの）植民地にされなかった国というのは、タイとか、ほんの一部の国しかない。あとは、アフリカからアジアまで、ほとんどがヨーロッパの植民地になった。

そこに、後《おく》れてきた米国が欲を出して、植民地を取り始めた。つまり、「（アメリカは）中国の県や郷《きょう》を、日本と分け合いたいので、ちょっかいを出してきたが、日本がそれを断って独占《どくせん》しようとしたために、喧嘩《けんか》を売ってきた」というのが現実だよな。

だから、「自分たちの欲望については一片の反省もなく、ただただ糾弾《きゅうだん》する」という態度は間違っていると思う。「フェアネス」が失われているよ。

日本も、「謝罪を求めるのは結構だけども、欧米《おうべい》もちゃんとやりなさいよ」ぐらいのことを言える人間がいないのは、やはり恥《は》ずかしいことですよ。

「悲劇の人」は「喜劇の人」でもある

高間　今、「フェアネス」というお言葉がありました。三島文学を貫《つらぬ》くものとして、やはり、「美の追求」があると思います。

三島由紀夫　うーん。

高間　三島文学を読み続けてきた者としては、「三島先生の求めていた『美』とは、悲劇に通じているのではないか」と感じるのですが。

三島由紀夫　悲劇？

高間　はい。タナトス（自己破壊《はかい》に向かう死の本能）に通じる感じがいたします。

三島由紀夫　うーん。悲劇か。

高間　このあたりについては、先生の文学を読んでも、どのように幸福感とつながるのか、よく分からなかったところがあります。

三島由紀夫　なんか、君、ちょっと厳しいところを突《つ》いてきているなあ。うーん？（会場笑）

高間　これには、やはり、先生の悲劇性と何かつながりがあるのではないでしょうか。

三島由紀夫　悲劇性か。悲劇と言いたいの？　喜劇と言いたいの？　どっちか、よく知らんがなあ。

高間　トラジェディー（tragedy）、悲劇のほうでございます。

三島由紀夫　ああ？　本当は一緒《いっしょ》なんじゃないか、あんたの考えは。「悲劇アンド喜劇」なんじゃないのか？

傍目《はため》に見れば、「悲劇の人」は「喜劇の人」でもあるからなあ。本人だけが悲劇で、傍から見れば、喜劇だからさあ。まあ、そういうところもあるんだが。

おめえ、意外に手強《てごわ》いなあ。ああ？　もしかしたら帝国《ていこく》大学を出てるんじゃねえだろうなあ？（会場笑）

高間　先生の後輩《こうはい》でございます（注。高間は、東京大学の出身）。

三島由紀夫　そうかい。まあ、だいたい、レベルはそんなものだな。手強いもんだ。うん、よろしい。まともなのも、ちょっとはいるらしい。

物質的繁栄《はんえい》を得て「信仰心《しんこうしん》」を失った現代人への警告

高間　三島先生は、最後に、仏教用語を使った『天人五衰《てんにんごすい》』という小説（『豊饒《ほうじょう》の海』四部作最終巻・絶筆）をお書きになりました。

晩年、先生は、仏教のほうにグーッと傾倒《けいとう》していかれたと思うのですが、当時、仏教については、どのように感じておられたのでしょうか。

三島由紀夫　やはり、インドの影響が大きかったからなあ（一九六七年、インド政府の招待で取材旅行をした）。インドへ行った当時は、日本も今ほど発展はしていなかったが、ちょうど戦後の発展期を迎《むか》えて、高度成長期に入ったころでね。インドは、まだまだ貧しくて後れていたけれども、やはり衝撃《しょうげき》を受けたね。インドでの衝撃は大きかったよ。

西洋化した国から見れば、何だか、「頭をバットで殴《なぐ》られるような感覚」を受けたなあ。クラッと来たものがあって、それと同時に、「何か大切なものを忘れているのではないか」という感じが残ったなあ。

だから、物質的繁栄《はんえい》というのはありがたいものではあるけれども、「『何かを得ること』は、『何かを失うこと』と同じである」ということが分かったね。これで、私は、釈迦《しゃか》の気持ちが少し分かったような気がしたね。

仏教は、ある意味での「物質的欲望の否定」を説いていると思うんだけど、それ自体が悪いとは思っていないだろう。ただ、「それを求めるなかで、失っていくものがある」ということに気づいたのではないかなあ。

今は、インドもかなり発展してきているから、当時とはだいぶ状況が違うし、次の超《ちょう》大国になると、話は違ってくると思う。ただ、あなたがたから見れば、その貧しい生活のなかで、百パーセントに近い信仰心《しんこうしん》を持って生きている人たちの姿というのは、奇異《きい》に映るだろうけれども、「物質文明の発展する角度が上がれば上がるほど、その分だけ信仰心が薄《うす》れていく世の中というものには、神様の計画とは何か違うところがあるのではないか」という感じはしたな。

それで、(『豊饒の海』等で)「転生輪廻《てんしょうりんね》」の思想とか、あえて打ち出したけれども、「こういう思想は、もう滅びるだろうなあ」と思っていたよ。

もう、そんなことには関心がなくなって、「あるかないかも分からないような来世《らいせ》のために、『命を捧《ささ》げる』なんてばかばかしいことは、やってられない」とね。

だから、楠木正成《くすのきまさしげ》の、「七回生まれ変わっても、国のために殉《じゅん》ずる」などという「七生報国《しちしょうほうこく》」の精神は、ばかばかしい戯言《たわごと》であって、今世《こんぜ》の命以外に考えられないわけだから、「残っている寿命《じゅみょう》を、どれだけ快楽に、快適に過ごすか」というようなことばかりに、みな集中することになるんだな。

貧しい国からは、それが、とても優《すぐ》れた生活をしているように見えるかもしれないけれども、精神的には、失われたものがそうとうあるわけだね。

私はこのことを警告したかったんだが、まあ、なかなか、それを全部受け入れるほどの国民ではなかったな。違う方向へ、違う方向へと流れていったからね。

今は、会社で「転生輪廻」などと言ったら、もう、笑いものにされるんじゃないか。ええ？　日本の「常識」を決めているマスコミなんかも、そんなの、お笑いなんじゃないか。

（マスコミが）インドへ取材に行ったら、現地の人が、いくら、「転生輪廻がある」と言っても、それは構わない。インド人が信じるのは勝手なんだ。ネパール人が信じるのは勝手なんだ。だが、「教育を受けた日本人が、人前でそんなことを言うなんて、恥ずかしいことだ」と、まあ、こんなふうに思っているよな。

「天下国家を論じる気持ち」を忘れたら人間は終わり

三島　これと戦って粉砕《ふんさい》するのは、大変なことだよ。実際、大変なことだと思う。だから、あんたがたは、ある意味では、いい戦いをやっているよ。よく頑張《がんば》っている。いやあ、根性があるよ。何て言うか、節《せつ》を曲げないもんな。それはすごいと思うよ。そういう、いい意味でのプライドは捨てちゃいかんよ。

「武士は食わねど高楊枝《たかようじ》」ではないけど、やはり、そういう、「天下国家を論じる気持ち」を忘れたら終わりだよ。「一宗教の利益のため」とか、「生業《なりわい》のため」とか、「とにかく、自分らが食っていけたらいい」とか、そういう気持ちになったら終わりだよ。

やはり、「自分らの仕事を通して、天下国家のために、世界万民のために、不滅の真理を打ち立てん」という、その気概《きがい》を失ったら、人間は終わりだよ。それは、「動物に近い生存をしている」と言わざるをえないね。日本人全体に、私は警鐘《けいしょう》を鳴らしたい。しっかりやるがよいよ。

私のような作家が仏教思想について書いたところで、それは、「ほんの趣味《しゅみ》か興味の範囲《はんい》」と思われるかもしれない。あるいは、「宇宙人趣味」と同じように、「仏教趣味みたいな変わった趣味がおありなんですね」と言われて終わってしまうかもしれない。

けれども、あなたがたは宗教家だからさあ、宗教の本道として、それ（仏法真理）をぶつけていっているんだろうから、戦艦大和《せんかんやまと》の主砲《しゅほう》みたいに、「撃《う》って撃って撃ちまくる」のが仕事だよな。

私らが撃っても、それが「本物だ」と思われずに、「文学の表現形式」あるいは「フィクションの形式」と理解されてしまって、なかなか〝弾《たま》〟が届かない。まあ、刀にも銃《じゅう》にもなる銃剣《じゅうけん》みたいなもんだよな。あの程度のもので撃っているぐらいにしか見えないからさ。

だから、ぜひとも、もっと大きな成功を収めていただきたい。筋を一つ、通していただきたい。それ（気概）を忘れちゃいかんと思う。

6　三島由紀夫の「魂《たましい》のルーツ」

本当は超能力《ちょうのうりょく》で、「宇宙人の声」も聞こえていた

高間　今、「フィクション」というお話も出ましたが、三島先生には、『美しい星』という、宇宙人を題材にしたSF小説もありました。あれも非常に野心的な作品だったと思うのですが、執筆《しっぴつ》の背景には、どのようなものがあったのでしょうか。

三島由紀夫　あのなあ、うーん、言いにくいんだけど、俺《おれ》はさあ、本当は超能力《ちょうのうりょく》者《しゃ》だったんだよ。まあ、口幅《くちはば》ったい言い方だけど、俺には、もしかしたら、宗教

家にもなれたかもしれない面があってね。

実際、宇宙人なんかも感じるものがあったのさ。何かが近くにいるように感じて、何だか、「声」が聞こえていたのよ。私が受けていたインスピレーションのなかに、「地球の人間界からではないもの」があるような感じがあったねえ。もっと深いところで、宇宙とつながっているような感じがした。というか、「私自身も、宇宙から来たんじゃないか」っていう気がしたねえ。これは、何とも名状しがたいものだけれどもね。

今、あなたがたが、いろいろと解き明かしてくれ始めたじゃないか。なんか、すっきりするなあ（会場笑）。とってもすっきりするわ。

勇気が要《い》るだろう？　「宇宙人リーディング」だの何だのと言うのは、ありゃあ、普通《ふつう》、「気違《きちが》いだ」と言われ……、あ、これは差別用語か。まあ、普通は、「精神異常の世界だ」と思われることを、堂々たる団体がやっているのでね。勇気があるけど、いやや、すっきりするよ！

作家一人がやると、「狂《くる》っただけだ」ということになるからな。「とうとういきましたね」とか、「UFOオタク、宇宙人オタクになりましたね」とか、そういうことになるんだろうが、この大川隆法という人の怖《こわ》さは、組織論者としても、けっこう見識があることだからね。そのへんの怖さがある。

それから、「閻魔《えんま》大王の生まれ変わり」といった〝名誉《めいよ》の称号《しょうごう》〟を頂いているようだけども、これは、たぶん、作家とか、マスコミとか、言論でもって生業《なりわい》を立てているような人たちをビシバシと叱《しか》っているところをもって、そう言っているんだろうと思うけどね。

それだけの権威《けんい》があるというのは、まあ、いいことだよ。宇宙人の話をしても、「狂っていない」と思われていて、それだけの権威を持っているというのは、すごいことだよ。なかなかあることではない。それは、いいことだ。

だから、私はねえ、あんたがたが「宇宙人もの」をやり始めたのを知っているよ。ちゃんと見ていたよ。「ああ、やってくれたじゃないか」って、スキッとしたよ。

「八百万《やおよろず》の神々の一柱《いっちゅう》」だが、魂《たましい》のルーツは宇宙にある

武田　宇宙人の話が出ましたが、せっかくの機会なので、お伺《うかが》いいたします。現在、幸福の科学では、いろいろなタイプの宇宙人の存在が明らかになっています。先生は、どのような……。

三島由紀夫　ハッ！（笑）あんたさあ、三島由紀夫にそれを言わせたら、本人かどうか、みんな疑うぞ！（会場笑）知らないぞ。

武田　ご自身から、その可能性をほのめかされましたので……。

三島由紀夫　ああ。

武田　どんなタイプの宇宙人と、ご自分のお考えが近いと思われますか。

三島由紀夫　まあ、美しい星から来たんじゃないか（会場笑）。

武田　美しい星ですか。その星の具体的な名前は出てきますか。

三島由紀夫　美しい星だろうねえ。

武田　ほお。

三島由紀夫　美しい星だろうね。きっと、私の国は美しい星だと思うよ。今のあんたがたの立場で、私の「裏の顔」を暴《あば》く使命があるかどうか、私には分からんけどさ。それはどうだろうねえ。

三島由紀夫像を、やや歪《ゆが》める恐《おそ》れがあるから、まあ、ほどほどに言わねばならんが、私も、日本で言えば、「八百万《やおよろず》の神々」の一柱《いっちゅう》ではあるし、そのルーツとしては、やはり、別のところから来ているからね。

武田　ああ、そうですか。

三島由紀夫　古代には、宇宙からも、だいぶ来ていたからね。その意味では、まあまあ交流がなかったわけではないよ。

武田　神道《しんとう》系にかかわりのある星としては、ベガ星やアンドロメダ星雲の系統などがありますが、この二つには関係しておられますか。

三島由紀夫　フフ。あるかも。

武田　ベガのほうでしょうか。

三島由紀夫　まあ、どっちでもいいや。好きなようにしてくれよ。

魂《たましい》の記憶《きおく》のなかにあるのは「麒麟《きりん》」の姿

武田　「生前、宇宙人からインスピレーションを受けていた」という話でしたが、どんな内容を受け取っておられたのでしょうか。

三島由紀夫　うーん、そうねえ。まあ、ちょっと、カフカみたいになるかもしらんけど、ある日突然《とつぜん》、自分が宇宙人になったような気分に襲《おそ》われることが多くてなあ。

武田　ほおお。

三島由紀夫　自分が宇宙人になったような気分になってね。宇宙人として地球に降り立ち、この日本社会を見ているような、そんな気分に襲われるときがあったね。

まあ、「作家的妄想《もうそう》」と言われたらそれまでだけどねえ。う－ん。そういうところはあったかなあ。ハハア。いやあ、「三島由紀夫の宇宙人リーディング」かあ……。

武田　ただ、宇宙人は、先生の作品のなかにも出てきていますので、そんなに突《とっ》拍子《ぴょうし》もない内容ではないかもしれませんね。

三島由紀夫　いやあ、オタクであることはバレているよ。ＵＦＯオタク、宇宙人オタクということもバレているけど、ただ、年代が古いからね。

当時は、まだ、あなたがたよりも情報量が少なかったし、「ロズウェル事件」

（「一九四七年、アメリカのニューメキシコ州ロズウェルにＵＦＯが墜落《ついらく》し、米軍によって回収された」とされる事件）から、ほんのちょっとしか時間がたっていない時期だから、「宇宙人が飛来し始めた」という噂《うわさ》が飛び交《か》って、「火星人来襲《らいしゅう》」とか、そんなものが映像化されたよね（Ｈ・Ｇ・ウェルズの小説『宇宙戦争』。ラジオドラマ化や映画化がなされた）。まあ、そのような時代ではあった。私は、いち早く、それを支持したほうではあるけれども、何だか、魂《たましい》の記憶《きおく》のなかに、「人間ではない姿」をちょっと感じるんだよ。

武田　どんな姿なのですか。

三島由紀夫　まあ、直前というか、少し前を言えば、古代の神様だけどもさ、そのもっと前の姿があるような感じがしてね。

武田　はい。

三島由紀夫　その姿は、何にたとえん。そうだなあ、うーん、あえて言えば、何にいちばん似ているかなあ。

まあ、いちおう、「変化」ができるんだよ。姿を変えられるので、地球人を脅《おど》さないように、似たような姿に変えられることは分かっているんだけども、「そのもとなる姿はいったい何か」というところだよなあ。

何と言うかなあ、「その『幸魂《さきみたま》としての私』は何であるか」というところだよな。

人間にはね、幸魂とか、奇魂《くしみたま》とか、荒魂《あらみたま》とか、まあ、いろいろあるわけだけどね。その「幸魂としての自分」というのを、あえて表現すると、そうだなあ……。

君ねえ、もう、今は飲まないか。「キリンビール」っていうのがあっただろう?

武田　はい。ございますね。

三島由紀夫　あれが、どう変わったかなあ。最近は見ていないから知らないが、何かラベルがあるだろう。ええ?

武田　はい。絵がありますね。

三島由紀夫　キリンの絵のラベルがあるだろう。「キリン」っていうのは、首の長いキリンじゃないぞ。

武田　はい。

三島由紀夫　もうちょっと違うキリンだよなあ。

武田　ドラゴンに近いようなものですか。

三島由紀夫　「麒麟児《きりんじ》」（将来を期待される優《すぐ》れた才能の若者）みたいな、あの麒麟だな。

武田　はい。

三島由紀夫　何かねえ、四つ足で、角《つの》もあり、羽もあるけど、「麒麟児」という言葉でも使われる麒麟だよなあ。だから、非常に優れた神獣《しんじゅう》みたいなもの？　何と言うかなあ、「あんな姿が私の本体ではないか」という感じを受けるなあ。

武田　そうすると、「戦いなどにおいて、何かを護《まも》る」というような使命があるわけですね。

三島由紀夫　うーん、でも、「変化」もするんだよ。見事に変化していくので、周りが、美しい環境《かんきょう》というか、草食系の環境に変われば、そういう姿にも変わるから、それだけではない。

武田　「戦い」が役割ではないのですか。

「麒麟」想像図

三島由紀夫　必ずしも「戦い」というわけではない。私は、そういう意味での「神通力《じんつうりき》」というか、本質的には、いろんな種類の神通力を持っている存在なんじゃないかなあ。

武田　なるほど。

古代日本に「邇邇芸命《ににぎのみこと》」として生まれた

武田　先ほど、「古代の神々の一人であった」というお話がございましたが、それは、「日本の神々の一人」ということでしょうか。

三島由紀夫　そうだね。「邇邇芸命《ににぎのみこと》」という名前があったかなあ（注。祖母である天照大神《あまてらすおおみかみ》の命により、葦原中国《あしはらのなかつくに》〔日本〕を統治するため、高天原《たかまがはら》から地上に降りた〔天孫降臨《てんそんこうりん》〕とされる日本神話の神）。

武田　では、新しい国づくりを使命とする方ですね。

三島由紀夫　まあ、そうだね。

武田　そうしますと、三島由紀夫先生としてお生まれになったときにも、やはり、同じような使命をお持ちだったのでしょうか。

三島由紀夫　もちろん、古代の神々の応援《おうえん》はあったと思うよ。まあ、先の大戦だって、神々は応援していたはずだけどね。でも、敗れたことで、「全部、間違いだった」と認めてしまうのは、日本の神道界三千年の歴史を放棄《ほうき》するのと同じだからね。

「負けた」ということは、この世の終わりと一緒《いっしょ》ではないんだよ。テニスをやろうが、マラソンをやろうが、剣道《けんどう》をやろうが、勝つこともあれば負けることもあるさ。でも、負けたからと言って、それで終わりではないんだよ。

負けたら、やはり反省し、そこから再出発して、自分らの弱点を補い、力を伸《の》ばすことだな。

7　あらためて「自決」の是非《ぜひ》を問う

「国民に警鐘《けいしょう》を鳴らしたい」という心情は吉田松陰《よしだしょういん》と同じもの

武田　あえて、お訊《き》きいたしますが、国づくりという使命があるなかで、今回の人生では、最期《さいご》、自決というかたちになりましたけれども、これは、人生計画どおりだったのでしょうか。

三島由紀夫　さあ、どうかな。計画どおりかどうかは、ちょっと分からんなあ。ただ、すごく悔《くや》しい思いがあったことは事実だな。「自己実現ができない」というか、「思いが通じない。伝わらない」ということに対する悔しさはあったな。

それから、あなたが、さっき聴《き》いたように、「自衛隊の総監室《そうかん》に立てこもり、日の丸の鉢巻《はちま》きをして、バルコニーから自衛隊員たちに演説をぶつ」なんていうのは、滑稽《こっけい》と言やあ、滑稽だろうよ。

悲劇か喜劇か、私には分かりかねるし、そちらが小説家だったら、逆に書かれてしまうので、何とも言えんが、まあ、喜劇かもしらん。喜劇かもしらんし、悲劇かもしらんけれども、同じものだよ。

だけどもねえ、私は、国民に警鐘《けいしょう》を鳴らしたかったのよ。

同じたとえを何回も出して申し訳ないけども、心情は、吉田松陰《よしだしょういん》先生と一緒《いっしょ》だったんだよなあ。同じ気持ちなんだ。

それは、キリスト教にたとえてもいいよ。話をユニバーサルにするために言うのなら、「一粒《ひとつぶ》の麦もし死なずば……」という気持ちはあったよ。一粒の麦が地に落ちて、その命を失うことにより、たわわな実りが実って、それが何百粒もの小麦になるのなら、その失われた命は何百倍にもなって生きる。まあ、そんな気持ちはあったね。

もちろん、自衛隊に突入《とつにゅう》して決起を促《うなが》しても、最初から、「成功する可能性は低い」と思っていたよ。「あるいは、一部、呼応してくれるかもしれない」と思ったけれども、「失敗する可能性は高い」とは思っていた。

まあ、吉田松陰先生は、お白州《しらす》に引っ立てられてさあ、幕府のほうが、好意を持って逃《に》がしてやろうとしているのにもかかわらず、訊かれもしないのに、「老《ろう》中《じゅう》の間部《まなべ》を暗殺する計画を持っていた」などという余計なことを、自分からしゃべっているよな。それが死罪に値《あたい》することぐらい知っていて、わざわざしゃべって、死罪になっていったんだろう？

普通《ふつう》の人から見りゃ、「これで兵法学者か」と思うような、ものすごい幼稚《ようち》さだよな。兵法学者は、戦って勝ってこその兵法学者じゃないか。山鹿流《やまがりゅう》の兵法学者が、追及《ついきゅう》もされていないことを、自らベラベラとお白州でしゃべってさあ、そして死罪になったんだろう？

彼がやりたかったことは、マスコミが発達していない当時においては、そういう一種のスキャンダルだよな。「吉田松陰が、幕府の要人を狙《ねら》ってクーデターを起こそうとし、捕《つか》まって、野辺《のべ》の露《つゆ》と消えた」ということでもって、実は、檄《げき》を飛ばそうとしたわけだ。長州藩《ちょうしゅうはん》を中心とする各雄藩《ゆうはん》に檄を飛ばし、「おまえたち、命を惜《お》しんでいてはいかんぞ。死ぬことを恐《おそ》れたら、何事もできん」ということを教えたんだろう？

幕府と戦って勝てるわけがない。その結果はどういうことかといったら、「殺される」というだけのことだろう？　つまり、松陰先生は、「命を惜しんだら、戦わず、不戦のほうに行く。だけど、実際に世の中を変えたかったら、命を惜しんではならん」ということを教えたかったんだろう？

私も、気持ちとしては同じだった。「たぶん、ただの無駄死《むだじ》にに見えるだろうな。結果的にそうなるだろうな」と思っていたよ。だけども、確信犯であったからな。

ずっと前に書いた『憂国《ゆうこく》』のあたりの小説を読んでいけば、私の心のなかに、そういう一つのプロット（筋書き）が入っていること自体は、読める人には読めていたと思う。

まあ、劇的な最期であったと思うが、石原慎太郎《いしはらしんたろう》のように、八十近くまで生き延びるほど無様《ぶざま》ではなかったから、私は、四十五ぐらいで散ったけどね。老いぼれて、老残《ろうざん》の身を、老醜《ろうしゅう》をさらしたくないので、思想の盛《さか》りで散ったけどね。

マルクス主義に対する包囲殲滅戦《せんめつせん》は「神の正しい働き」

三島由紀夫　しかし、私の考えが見直されるときは必ず来ると思う。今、あなたがたのやっていることが成就《じょうじゅ》していったならば、私のやろうとしたことが先見性のある行為《こうい》であったことが分かるだろう。別の意味で言えば、まあ、これは、ちょっと口幅《くちはば》ったくて、さすがに私もたいへん恐縮《きょうしゅく》するけれども、「イエス・キリストが十字架《じゅうじか》に架かったのと同じ行為であった。人々を救おうとした行為であった」ということが分かってくれたらいい。

同時代の人が分かってくれなくても、いずれ分かってくれたらいい。あれから四十年が過ぎて、ようやく理解されるチャンスが巡《めぐ》ってくるのなら、ありがたいと思っている。

君たちは、正しいことをした。丸山眞男《まるやままさお》など、思想的に反対側にいる人たちの本当の姿を、今、次々と暴《あば》いているよね（『日米安保クライシス』〔幸福の科学出版刊〕参照）。丸山眞男なんか、いまだに朝日から岩波から、いろんなところから尊敬されているよな。文化人として尊敬されているし、東大の政治学系では、まだ神様のように尊敬されているだろう？　君たちは、これを引っ繰《く》り返した。

それから、憲法学者の宮沢俊義《みやざわとしよし》か。あんたがたは、「これも悪魔《あくま》だ」というのを暴いて、引っ繰り返してみせただろう？（『現代の法難《ほうなん》④―朝日ジャーナリズムの「守護神」に迫《せま》る―』〔幸福の科学出版刊〕参照）いい仕事をやっているよ。

その結果、次に来る者として、今、三島由紀夫が出てきた。これは、来《く》るべきして、実は辿《たど》り着いてきている。

今、君たちは、「何が正しかったか」という、戦後の検証をしているわけだな。風が順風で吹《ふ》いているときには、みんな、「うまく行っている。風に乗っておれば、安心だ」と思っているけども、その風が止まったときに、振《ふ》り返って考えなきゃいけないときが来る。

今が、そのときだ！　今が、考えなきゃいけないときだ！

あなたがたは国難を訴《うった》えているんだろう？　今年は映画を二つ出して、「このままでは、日本は植民地になるぞ！」という警告を発するんだろう？

私の『憂国』と何が違《ちが》うんだよ。同じことじゃないか。違いがあるとしたら、私より大川隆法のほうが老獪《ろうかい》なところが違うだけだよ。はっきり言って、この人のほうが、私より老獪だわ。私ほど単純ではない。もっともっと幅広く見ている。社会全体の動きをジーッと見て、組織を守りながら戦っているので、そのへんは違いがあると思う。これは、おそらく、組織指導者としての力量の問題だろうと思うけれどもね。

私の場合、個人主義から抜《ぬ》けることができなかったから、ああいう最期になったのもしかたがないけれども、この人は、もうちょっと世界的なレベルまで考えているからね。百五十年かかって世界の半分まで広がったマルクス主義の包囲殲《せん》滅《めっ》戦《せん》を、今、全世界で開始していると思うんだ。

「これは神の正しい働きだ」と私は思うよ。

その意味で、私の仕事は、先駆者《せんくしゃ》としての予言者の仕事だったわけだ。

まあ、イエスを名乗るのが口幅ったければ、イエスの前に現れて、首をはねられた、前触《ぶ》れのヨハネかな。ヨハネは、お盆《ぼん》に首を載《の》せられて、サロメのもとに届けられたよな。ヘロデ王は、まさかの申し出に応じざるをえなくなった。「何でも言うことをきいてやる」と言ってしまったため、サロメに「ヨハネの首が欲《ほ》しい」と言われ、牢獄《ろうごく》につないでいたヨハネの首をはね、それをお盆に載せてな。サロメがいい舞《まい》を踊《おど》ったので、ヘロデが「ご褒美《ほうび》として、おまえの望みを何でも叶《かな》えてやるぞ」と言ったら、「では、ヨハネの首を」と言われ、それで、牢獄につないでいたヨハネの首を、本当に持ってきたよなあ。

まあ、私の死に方も、それに、ちょっと近いかもしれない。イエスの前の、洗《せん》礼《れい》のヨハネの役割かもしらん。

武田　それは、「過去世《かこぜ》が『洗礼のヨハネ』である」ということですか。

三島由紀夫　いや（笑）。それはたとえである。

武田　たとえですか。

三島由紀夫　たとえであるので、別に私はキリスト教徒ではない。まあ、「過去に、そういう死に方をしたことがある」ということだな。

「仏教では『自決』を肯定している」と捉《とら》える三島由紀夫霊

武田　愚問《ぐもん》かもしれませんが、もう一つ、質問させていただきます。
三島先生は、宗教に深い理解を持たれていて、信仰心《しんこうしん》もおありだったと思います。つまり、「自決（自殺）をすると、天上界《てんじょうかい》にはストレートに還《かえ》れない」ということをご存じだったのではないかと思うのですが、いかがでしょうか。

三島由紀夫　いや、それはねえ、君ねえ、勘違《かんちが》いだよ。

武田　そうですか。

三島由紀夫　それは、キリスト教において言われていることであって、仏教において言われていることではない。仏教においては、仏典《ぶってん》を読めば分かるように、釈迦《しゃか》は、「いけない」と言ったり、「いい」と言ったり、人によって、それぞれ違う言い方をしている。「この人の場合は、完全に執着《しゅうちゃく》を去って死んだ。この人は、天上界にまっすぐ還っている」と言っている場合もある。

修行《しゅぎょう》の結果、一切《いっさい》の物欲《ぶつよく》を断《た》ち、この世的な欲望を断って、例えば、カミソリ等で、命を絶った者もいる。実際は、断食《だんじき》をして、もう死ぬ間際《まぎわ》になっていたような人ではあるけどもね。

そういう人たちが、最期、自ら命を絶ったとき、釈迦は、それに対して、非常に同情的なことを言っている。「まっすぐ天界に還っている」というようなことを言っている。仏教とキリスト教は違うんだよ。

要するに、仏教は、死に方だけを言うのではなくて、「死ぬときの精神的態度」というか、「どういう心持ちでもって死んだか」ということを非常に重視している。動機を重視するのが仏教なんだ。

武田　ただ、仏教の場合、信者になる条件として、「三帰五戒《さんきごかい》」がございまして、この五戒のなかには不殺生戒《ふせっしょうかい》が入っています。

三島由紀夫　しかし、釈迦の教えを〝徹底《てってい》〟したジャイナ教においては、「断食において死ぬ」ということは、聖者の条件になっていたわけだ。

仏陀《ぶつだ》は、そこまで徹底はしていなかったけれども、仏教の姉妹宗教といわれたジャイナ教や、仏教より先発のインドの宗教のなかには、この世の肉体を軽《かろ》んずる考えは十分にあったわけでね。

だから、あんたは、後《おく》れてきた何千年ものちの思想でもって、昔の思想を裁こうとしているのであって、本当は、そうではないんだよ。

武田　そうですか。

三島由紀夫　うん。考え方として、そんなことはないよ。

武田　ただ、お釈迦様在世《ざいせ》時に、弟子《でし》たちが、肉体を軽んじ、自ら命を絶ってしまうこともありまして……。

三島由紀夫　そんなこともあったかもしれないね。

武田　はい。それに対して、お釈迦様は、やはり、「命を殺《あや》めてはいけない」というように語られていたと思います。

三島由紀夫　しかし、自決した者に対して、「彼は、まっすぐに天界に還った」という言葉も遺《のこ》っている。

武田　うーん。

三島由紀夫　釈迦もね、対機説法《たいきせっぽう》といって、人それぞれに違うことを言っている。要するに、「無駄な死に方をしてはならないけれども、有意義な死に方もある」ということを言っているわけよ。

また、仏教だけでなく、セネカその他の古代ローマの思想のなかにも、自決をプラスに判断する哲学《てつがく》が、ちゃんとあるわけでね。

「死ぬべきときに死ねない人間は駄目《だめ》だ」という信念

武田　ただ、現在、学ばせていただいている真理によれば、「自殺した人は、人生計画で予定されていた寿命《じゅみょう》が来るまで、あの世の天国にも地獄にも還れない」とのことなのですが、いかがでしょうか。

三島由紀夫　いや、それはねえ、思想的に中途半端《ちゅうとはんぱ》だと私は思うね。

武田　中途半端ですか。

三島由紀夫　中途半端だねえ。これは、医学に影響《えいきょう》されすぎていると思う。

今、西洋医学が、この世の命を長らえさせることのみに汲々《きゅうきゅう》とし、いわゆる〝タコ足配線〟でチューブを差し込《こ》んでねえ、とにかく延命治療《ちりょう》ばっかりやっているけれども、それに対して、もう一つ、「尊厳死」という考えもあって、「何が正しいのか」について、宗教的にはっきりと結論が出ていないだろう？　全宗教に共通したような意見があるわけじゃない。

武田　はい。

三島由紀夫　「とりあえず生かす」という方向でやって、まあ、植物状態で何十年も寝《ね》て、家族に迷惑《めいわく》がかかっている場合もありますけどね。

「医学というのは、もう最高の倫理《りんり》だ」と思っているかもしらんけど、これは、一歩間違えば、「この世的な命を長らえさせることが、最高の徳である」という考え方にもなりかねないわけよ。しかし、私はそうは考えないね。

吉田松陰の例を何度も出して、たいへん恐縮ではあるけれども、松陰先生の言葉に、「もし、諸君が生きることによって、世の中に益《えき》することができるなら、諸君は生きよ。しかし、もし、諸君が死することによって、世の中を変えることができるのなら、潔《いさぎよ》く死ね!」というようなものがあるが、私も考えは一緒だ。

死することによって、世の中をよくすることができるのであれば、潔く死ぬべきであって、生き長らえることをもって徳とするのは恥《はじ》である。
しかし、生き延びることによって、世の中をよくすることができる、すなわち、まだ余力があって、そういうことが可能であるならば、生き長らえて、教えを伝えたり、考え方を伝えたり、革命を起こすために戦い続けたりすることもまた、真《しん》である。だから、真理は片側だけにはない。

武田　なるほど。分かりました。

三島由紀夫　死ぬべきときに、死ねない人間は駄目《だめ》だよ。「死んだら、地獄に行くかもしれない」などと言って恐れて、死ねないような人間は、やはり、偉人《いじん》・英傑《えいけつ》の仲間には入れないな。

乃木希典《のぎまれすけ》や西郷隆盛《さいごうたかもり》の「自決」は、単なる「自殺」とは違《ちが》う

三島由紀夫　（吉川に）君ぃ、死んでいるだろうが。え？　さっきから、なんか、松陰の話ばかり出るから、私も「おかしいな」と思ったんだが。君ぃ、死んでいないか。

武田　（吉川に）どうぞ。

吉川　はい、あのー、過去……。

三島由紀夫　ええ？　そうだろう？　君ぃ、死んだだろう？　吉田松陰の近くにいて一緒に捕まり、死んでいったな？

吉川　はい、そのようです。

三島由紀夫　そうだよな。僕《ぼく》には（前世《ぜんせ》が）視《み》えるんだよ。さっきからねえ、なんで、私が吉田松陰の話をしなきゃいけないか、「おかしいな」と思っていたんだ。

いやあ、過去、偉《えら》い人はたくさんいるから、吉田松陰にそんなに引っ張られなきゃいけない理由はないんだよ。何だか、松陰の話ばかり出るから、「おかしいな」と思ったんだけど、ここに仲間がいるんじゃないか。

（吉川を指して）これ、そうだろう？　おお、なんか一言《ひとこと》言えよ。

吉川　本日は、このような貴重な機会を頂き、本当にありがとうございます。

私《わたくし》から、このようなことをお訊きするのはたいへん失礼かとも思うのですが、「三島先生は、死後、すぐに天上界に還られた」と理解してよろしいでしょうか。

三島由紀夫　ちょっと、ここで間《ま》を取って、君に、「どう思う？」って訊いてもいいかい？

吉川　どうなんでしょう……。

今、こうしてお話をしている感じだと、「天上界に還られたのかな」と思うのですが、大川総裁の教えに照らして考えると、やはり、一度は地獄に堕《お》ちられて、その後、天上界に戻《もど》られたのかなと……。

三島由紀夫　まあ、先人としては、乃木《のぎ》将軍が自決なされていますわなあ。

吉川　はい。

三島由紀夫　明治天皇の崩御《ほうぎょ》に殉《じゅん》じて、自決をされている。でも、乃木神社は建っておりますわなあ。日本人は、「乃木が地獄に堕ちている」とは思っていないよね。ロシア人は分からないよ。ロシア人は、そう思っているというか、そう願っているかもしれないけれども、日本人は、そうは思っていないよな。

乃木は自決した。あとは、西郷《さいごう》も自決した。仲間内で首を落とされて、首だけは見つけられないように、穴を掘《ほ》って、埋《う》められたよね。

しかし、「西郷がいまだに地獄でさまよっている」と思っている人は、日本人には、まあ、いないだろう。なぜかというと、多くの人に慕《した》われているからだな。

乃木さんも同じだよ。「万の単位の若者を死なせてしまった責任は、愚将である私一人の責任である。息子《むすこ》二人を失ったけれども、それでは足りない。子供たちを失った万の単位の全国の母親たちに申し訳ない。また、先の西南戦争において軍旗を失ったにもかかわらず、その罪を問われずに生き長らえた。それに対する反省も兼《か》ねたい」ということで、潔く自決をされた。

その現場自体を見れば、凄惨《せいさん》なものであるし、奥《おく》さんまで一緒に殉死しているわけであるから、見るに堪《た》えないものではあっただろうと思うけれども、自決は、日本に流れている思想の一つではあるので、そういう人の場合は、ちょっと、一般《いっぱん》の自殺とは違《ちが》うんじゃないか。

例えば、老後に、生活保護を打ち切られて、隅田川《すみだがわ》に身を投げて死ぬ人とは、ちょっと、話が違うんじゃないかな。

それは、もっと大きなものに対して責任を感じ、その責任を取ろうとして、自分の身を処しているわけだから、一緒ではないんじゃないかな。

だから、吉田松陰が死んだのと、脳軟化症《のうなんかしょう》にかかった老人が川に落ちて死んだのとは、一緒ではないように私は思う。吉田松陰の場合は、確信犯的なものだったろうと思うけどね。

死後、痛い目に遭《あ》ったかどうかについては……。何？　私を尋問《じんもん》するか。うーん、尋問するか。

でも、それを言ったら、あんたのほうにも、同じ質問が返るんだが、いいか。ん？　君は、吉田松陰が死んで、地獄へ堕ちたと思うか。

吉川　いいえ、思いません。

三島由紀夫　じゃ、吉田松陰の横で、一緒に首をはねられたやつはどうだ？

吉川　うーん……、その人に、何か罪があったかどうか……。

三島由紀夫　やはり、その人の人生観による。というか、「どの程度、精神的か」ということによるよな。そのへんがあるから、一概《いちがい》に、単なる自殺の部分と一緒にはいかないんじゃないか。

ローマの哲学者なんかの名誉《めいよ》の死にも、そういうところはあったしな。精神性のほうが、もう圧倒《あっとう》的に上回っている人の場合は、同じようにはいかないところがあるように思う。

チベット僧《そう》の「焼身自殺」に込《こ》められた意味

三島由紀夫　それと、その「死」がね、やはり、一定の政治的ないしは霊的《れいてき》な意味を持っている場合もある。

例えば、仏教には、「焼身供養《くよう》」という言葉があるね。「お坊《ぼう》さんが、小指に火をともすあたりから始まって、自分の身を焦《こ》がして死んでいく」という、焼身供養というものがある。

チベットは、中国に国を乗っ取られて五十年がたつが、抗議《こうぎ》のために、坊さんが、デモンストレーションとして、焼身自殺する例が後を絶たないよな。それがいろんなところで起きているけれども、こういうのは、かなり確信犯的なものだ。もう、ほかに、なす術《すべ》がないものな。「核《かく》ミサイル、大陸間弾道弾《だんどう》を持っている大中華帝国《だいちゅうかていこく》に対して、仏教国であった小国のチベットが、武力をもって、国を取り戻す」などということは、ほぼ不可能なことだよな。

だから、せめて焼身自殺をニュースとして流し、先進国に対してＰＲする以外に、方法がないだろう？　「占領《せんりょう》された状態が五十年も続いているんですよ」ということに注目してもらう以外に、方法がないわけだよ。

確信犯的にそれを思っている坊さんたちは、「自らが生き長らえる」という、この世的な幸福を捨てて、焼身自殺をし、その姿を映像に乗せて全世界にＰＲすることによって、「中国の悪を放置してはならん」ということを言っているわけでしょう？　彼らが地獄に堕ちるとは、私は思わないよ。それは、なかなかできることではないからね。

これと、三角関係の乱《みだ》れで、ガソリンをかぶって火をつけて死ぬのとは、意味が違うよ。「そんなものとは、ちょっと違うんだ」ということは知ってもらわないといけないね。

まあ、私に関して、「自決してどうか」ということだが、どうかねえ。うーん。世間《せけん》がちょっと震撼《しんかん》していた間《あいだ》は、まだ少し中空を漂《ただよ》っていた面があるけれども、「そう長くない一定の期間で、天上界に還った」というふうには言っておこうかな。

ただ、「なぜ、大川隆法が私を嫌《いや》がっていたか」については、よく分からない。個人的に、「血を見るのは嫌《きら》いだ」という人もいるから、まあ、そういうことなんじゃないのか。

8　天上界《てんじょうかい》における現在の役割

先の敗戦によって「高天原《たかまがはら》」も傷ついた

武田　三島先生は、今、天上界《てんじょうかい》のどのような世界に還《かえ》られているのですか。

三島由紀夫　ああ、神々の世界に還っていますよ。

武田　高天原《たかまがはら》ということでよろしいですか。

三島由紀夫　高天原ね。まあ、そうねえ、高天原ね。

　高天原は、先の大戦で、かなり傷ついたのよ。高天原にも、〝砲弾《ほうだん》〟をかなり撃《う》ち込《こ》まれてねえ、崖崩《がけくず》れが多くて、今、補修中だわあ。

武田　補修ですか。

三島由紀夫　補修中なんだよ。

武田　人が減ってしまったのでしょうか。

三島由紀夫　あっちもこっちも〝道路〟が不通でね。もう、ほんとに……。

武田　壊《こわ》れているのですか。

三島由紀夫　おお。〝岩屋《いわや》〟が壊れていたり、〝建物〟が壊れていたり、〝道路〟が崖崩れで埋《う》もれていたり、ちょっと、今、補修中でなあ。

武田　神々も傷ついているのですか。

三島由紀夫　神々もけっこう大変なのよ。今、汗《あせ》を流しておるんだ。地上がもう少し浄化《じょうか》されないと、高天原も立ち上がらないんだな。

皇室は、ちょっと厳しい状況《じょうきょう》が続いておるけれども、これは、高天原の状況と対《つい》をなしている感じかな。だから、国体の危機はあると思うよ。

武田　そうですね。

三島由紀夫　国体の危機があるので、高天原も完全には立ち直っておらんなあ。だから、私も、暇《ひま》なときには、たまに高天原の改修工事に参加はしておるけれども、ずっと、あちらにいるのも退屈《たいくつ》であるからして、ときどき、地上に帰ってきては、あちこち梃《てこ》入れもしておる。そういうことだな。

渡部昇一《わたなべしょういち》氏にもインスピレーションを送っている

武田　地上に対しては、どのあたりに梃入れをしておられるのでしょうか。

三島由紀夫　言論人と……。

武田　言論人ですか。

三島由紀夫　言論人のところに、勇気を与《あた》えに行ってはいるな。うん。

武田　例えば、どのような方でしょうか。

三島由紀夫　「例えば」って？　まあ、論陣《ろんじん》を張るような人はだいたい分かるだろう？　あんたがたのところに、よく集まって……。

渡邊　渡部昇一《わたなべしょういち》さん？

三島由紀夫　まあ、何人かいるだろう？　あんたがたのところにノコノコ出てきてくれる、ありがたい方がたがいるじゃないか。

まあ、はっきり言ったら迷惑《めいわく》がかかるから、個人の名前を挙げやしないけれども、そういう方がたのところに行って、勇気を与えてはいるよ。「頑張《がんば》って、もう一押《ひとお》し言え！」って言っているよ。

確かに、渡部さんにも、インスピレーションは出している。

武田　そうですか。

三島由紀夫　特に、南京《ナンキン》事件から、戦後の何？　戦争犯罪人の裁判のところ？

あれが原点？

武田　東京裁判ですね。

三島由紀夫　日本の原罪の原点は、東京裁判?

武田　はい。

三島由紀夫　彼は、あそこを、ライフワークのようにしてやっているが、私と一《いっ》緒《しょ》で、まだ、なかなか通じない。「渡部昇一さんの本は読むけど、東京裁判関連になると読まない」という人が大勢いるんだよな。「これは右翼《うよく》だ」という感じになって読んでくれない。ほかの一般《いっぱん》的な本は読んでくれるけど、あそこになったら読んでくれない。

そういう意味で、悔《くや》しい思いもあるけれども、彼は、「自分の命あるかぎり、何とか、これを晴らさなきゃいかん!」と思い、「これは違法《いほう》な裁判だ!」と言い続けているよな。これは、一人になっても言い続けないといけないことだから、そんなところにも勇気を与えている。

まあ、ほかにも、チョコチョコは与えておるけどもね。先ほど名前が出た、石原《いしはら》なんかにも、インスピレーションを与えておったときもあるんだけど、最近は、ちょっと軟弱《なんじゃく》になっておるのでね。権力に、ちょっと酔《よ》うているのではないかなあ。権力の亡者《もうじゃ》になって、少し酔いしれておるんじゃないかね。ちょっと自惚《うぬぼ》れている。

あれは、一回、カツンとやらないといかんかもしらんなあ。う一ん、ちょっと、よろしゅうないなあ。何となく、よろしくない感じがする。やはり、どこかで自決しなきゃいかんのだよ。もう、息子《むすこ》の代になっているんだからさあ。

武田　はい、そうですね。

三島由紀夫　いつまでも父ちゃんがいたら、息子（石原伸晃氏《いしはらのぶてる》）は総理大臣になれないよ。都庁が嫌《いや》なら道頓堀《どうとんぼり》でもいいけどさあ、どこかに行って、少し頑張ったらどうだい？「この国のあり方は間違っておる！」と言って、ひとつ、ＰＲをやらないといけないいんじゃないかねえ。

武田　そうですね。「大和《やまと》の心」を説いているので、外国の話はしたくない

高間　三島先生は、憂国《ゆうこく》の士であると同時に、世界に通用する日本人のお一人だと思うので……。

三島由紀夫　まあ、通用しなかったけどね。

高間　しかし、若くして、ノーベル賞候補者にもなられました。

三島由紀夫　いやあ、通用はしなかったね。通用するところまで行ってはいない。「通用したかった」というあたりのところで止まったかな。

高間　もちろん、この世に生まれてからの精進《しょうじん》の部分もあると思いますが、魂《たましい》として、世界性を持っていらっしゃるところがあるのではないでしょうか。

三島由紀夫　魂で？　世界性があるかなあ？

高間　例えば、喜劇というところで反応されましたが……。

三島由紀夫　アッハハ。

高間　過去世《かこぜ》で、世界的な喜劇作家として生まれられているような気もするのですが、いかがでしょうか。

三島由紀夫　言っとくけど、「チャップリンに生まれる」なんていうことはないよ。世界的喜劇作家ねえ。いや、まあ、私は本質的に喜劇作家ではないよ。そのくらいのことは書けないことはないから、まあ、遊びとして書くことはあるけど、本質的な喜劇作家ということはない。

そうか。ここは宗教だから、探索《たんさく》がうるせえなあ。

私は、「大和《やまと》の心」を説いているから、外国の話なんか、そんなにしたくはないんだがなあ。まあ、しかたがないので、うーん……。まあ、ないわけでもないかもしれないけれども、うーん……、（過去世を明かすのは）あまり好ましくない感じがする。

まあ、「昔、大和の国で神々の世界に生まれ、日本の三千年の歴史のなかには、要所要所で出てきたことがあるかもね」というぐらいにしておこうか。

武田　（質問者に）よろしいですか。

では、本日は、まことにありがとうございました。

三島由紀夫　はい。

大川隆法　（三島由紀夫に）ありがとうございました。

9　意外だった「三島由紀夫の霊言《れいげん》」

幸福実現党にもインスピレーションを送っている？

大川隆法　意外でしたね。もう少し怖《こわ》い人かと思っていましたが、なぜ、そう感じていたのでしょうか。

もしかしたら、「三島由紀夫の世界に入っていくと、自分も、最期《さいご》は、欲求不満で自決しなければいけなくなるかもしれない」という恐《おそ》れがあって、怖かったのかもしれません。

武田　そうですね。

大川隆法　うーん……。この感じからすると、三島由紀夫は、思想的に、多少、当会に何かを送ってきている可能性がありますね。特に、幸福実現党あたりには、何か思想を送っているでしょう。送っていないわけがありません。間違《まちが》いなく、何かインスピレーションを降ろしていると思います。

正体は見えませんでしたが、吉田松陰《よしだしょういん》の名前がよく出てきたので、あのころの人でいうと、前世《ぜんせ》は、意外に橋本左内《はしもとさない》のようなタイプの人ではないでしょうか。

渡邊　「稚心《ちしん》を去れ」という言葉で有名な人ですね。

大川隆法　そういう感じの人のような気がしますね。橋本左内は、この前、調べ忘れた一人ですが（注。その後、八月二十八日に「橋本左内の霊言《れいげん》」を収録したが、三島由紀夫との関係性については特に触れられなかった。『橋本左内、平成日本を啓発《けいはつ》す』〔幸福実現党刊〕参照）。

武田　はい。

大川隆法　そんな感じの人ではないでしょうか。橋本左内は、二十六歳《さい》で亡《な》くなっていますが、そういうタイプの人ではないかと思います。過去にも、お国のために死んだことがあるような人ではないでしょうか。

三島由紀夫は、おそらく、幸福実現党にも、少しインスピレーションを降ろしていますね。幸福実現党の人たちは、最後、破滅《はめつ》的なことにならないように気をつけたほうがよいでしょう。

ただ、彼が、「今の歴史観そのものには、修正の要《よう》がある」と語っていたところについては、「そうかな」と思います。

先駆者《せんくしゃ》的存在だった三島由紀夫

大川隆法　三島由紀夫は、自決というセンセーショナルなことをしましたが、時代が変わっていたために、昔のような受け止め方はされなかったのでしょう。

明治維新《いしん》のころであれば、自決には、ものすごく影響《えいきょう》があったし、あるいは、捕《とら》えられて斬《き》られるようなことでも影響が出たと思います。

しかし、現代は、物質文明が華《はな》やかになり、もっともっと豊かになって、寿命《じゅみょう》を延ばしていくような時代になっているため、そういうことをする人は、やや奇《き》人《じん》・変人のように見え、忘れ去られる側になってしまうのでしょう。

ただ、確かに、幸福の科学や幸福実現党は、自衛隊に活《かつ》を入れているかもしれません。自衛隊員が、映画「ファイナル・ジャッジメント」や「神秘の法」（いずれも製作総指揮・大川隆法）を見たら、燃え立ってくると思います。

その意味で、私たちは、三島由紀夫のようなことを、違うかたちで行《おこな》っているのかもしれません。この二つの映画では、「日本が外国に占領《せんりょう》されてよいのですか」ということを訴《うった》えていますからね。

三島由紀夫は、自分で言っていたとおり、先駆者《せんくしゃ》的な存在なのかもしれません。まあ、そういう人は、最終的な成功を求めてはならないのでしょう。

私たちも、どこまで行けるかは分かりませんが、敵として現れるものが、だんだん大きくなってきつつあるような気がしています。大きなものをいろいろと相手にし始めているかもしれないので、どこかで、はめられるようなことも、あるいは、あるかもしれません。

私自身、天寿をまっとうし、使命をまっとうできるかどうかは分かりませんが、いまだに、かなり激しく、いろいろなところに〝弾《たま》〟を撃《う》ち込《こ》んでいるので、敵として、大きいものが出てくるかもしれません。

そのときには、次なる人が完成させなければいけないでしょう。

今後、「予言者」で終わるか、「完成者」まで行くかが試《ため》される

大川隆法　今回の霊言は、少し意外でした。

「もう少し怖い人かな」と思っていましたし、「どちらかというと、霊界《れいかい》の裏側のほうに行き、荒《あら》ぶる神になっているのではないか」とも予想していたのです。しかし、祟《たた》り神のようにはなっておらず、彼には、知性的、理性的なところが少し残っているようでした。

ただ、一回の霊言だけで、単純に、すべてを信じてはいけないかもしれません。周辺情報をもう少し固めないといけないでしょう。組織を持っている者としては、そんなに単純であってはならないと思います（注。本霊言収録の翌日（二

月二日）、天照大神《あまてらすおおみかみ》を招霊《しょうれい》して、裏取り調査を行った。『天照大神のお怒《いか》りについて』（幸福の科学出版刊）参照）。

私には、三島由紀夫の走狗《そうく》となって走るつもりはまったくありません。要するに、「彼の言うとおりにするつもりは全然ないが、一つの見解として聴《き》いておきたい」ということです。

三島由紀夫のイメージと重なることが、当会として、幸福かどうかは分かりませんが、彼と似たようなことはしているかもしれません。彼は、「幸福の科学は、戦後の検証をしている」と言っていましたが、それは、そのとおりでしょう。

そのときどきに、正義と思われるものが違ってきているわけでしょうね。少数派でありながらも正義であった者は、のちほど、先駆者あるいは予言者と呼ばれるようになるわけです。

私も、「予言者で終わるか、それとも、予言者ではなく完成者まで行くか」というあたりが、今後、試《ため》されるところでしょうか。

予想外でした。最初、私は、「三島由紀夫も、どこか、右翼《うよく》の地獄《じごく》にボコッと入っていて、ウワーッと来るかもしれない」と思い、少し怖がっていたのです。（チャネラーに）出番がなくて、申し訳なかったですね。ポツンと孤独《こどく》で、気の毒でした。

チャネラー　大丈夫《だいじょうぶ》です。

大川隆法　では、以上にしましょう。ありがとうございました。

あとがき

早熟の文学的天才であったことは認めるものの、地方出身の私と違って、草花の名前一つ知らず、「名もなき雑草」で片づけてしまう三島は、東京山の手育ちのボンボンで、本来、私とは異世界《いせかい》の存在だと思っていた。しかし、この国の未来を憂えて眺《なが》めていた、その「無限遠点《むげんえんてん》」は、意外にも近いところに存在した。過去世が天孫降臨《てんそんこうりん》のニニギノミコトであったなら、使命としては、そう大きくは違わないのかもしれない。

日本以外の諸国民は平和を愛する国民で、日本だけが、憲法九条のオリの中に入れておかねばならない野獣だとする考えは、もう捨て去らねばならない時が来たと思う。

今回の竹島事件、尖閣事件を見ても、韓国さえ、民主主義国家というよりは、ヒステリックな全体主義国家に近く、中国は、文明国にはほど遠い、人治国家であり、軍事独裁国家である正体が明らかになったと思う。本書が国体再考の一助となることを祈る。

二〇一二年　九月二十五日

国師《こくし》　大川隆法《おおかわりゅうほう》

『天才作家 三島由紀夫の描く死後の世界』 大川隆法著作関連書籍

『地獄の条件――松本清張・霊界の深層海流』（幸福の科学出版刊）
『日米安保クライシス』（同右）
『現代の法難④―朝日ジャーナリズムの「守護神」に迫る―』（同右）
『天照大神のお怒りについて』（同右）
『橋本左内、平成日本を啓発す』（幸福実現党刊）

天才作家《てんさいさっか》 三島由紀夫《みしまゆきお》の描《えが》く死後《しご》の世界《せかい》

2012年10月7日　初版第1刷

著　者　　大《おお》 川《かわ》 隆《りゅう》 法《ほう》

発行所　　幸福の科学出版株式会社

〒107-0052 東京都港区赤坂2丁目10番14号
TEL(03)5573-7700
http://www.irhpress.co.jp/

印刷・製本　株式会社 堀内印刷所

落丁・乱丁本はおとりかえいたします

ISBN978-4-86395-228-7 C0014
Photo: AP/ アフロ

大川隆法ベストセラーズ・国難を打破する

国を守る宗教の力
この国に正論と正義を

３年前から国防と経済の危機を警告してきた国師が、迷走する国難日本を一喝！ 日本を復活させる正論を訴える。
【幸福実現党刊】

1,500円

平和への決断
国防なくして繁栄なし

軍備拡張を続ける中国。財政赤字に苦しみ、アジアから引いていくアメリカ。世界の潮流が変わる今、日本人が「決断」すべきこととは。
【幸福実現党刊】

1,500円

この国を守り抜け
中国の民主化と日本の使命

平和を守りたいなら、正義を貫き、国防を固めよ。混迷する国家の舵取りを正し、国難を打破する対処法は、ここにある。
【幸福実現党刊】

1,600円

※表示価格は本体価格（税別）です。

大川隆法ベストセラーズ・文豪の霊言シリーズ

トルストイ
――人生に贈る言葉

トルストイに平和主義の真意を訊く。平和主義が、共産主義に取り込まれたロシア(旧ソ連)の悲劇から、日本の反原発運動の危険性が明らかに。

1,400円

芥川龍之介が語る
「文藝春秋」論評

菊池寛の友人で、数多くの名作を遺した芥川龍之介からのメッセージ。菊池寛の死後の様子や「文藝春秋」の実態が明かされる。

1,300円

司馬遼太郎なら、
この国の未来をどう見るか

現代日本に求められる人材とは。〝維新の志士〟は今、どう戦うべきか。国民的作家・司馬遼太郎が日本人へ檄を飛ばす!

1,300円

幸福の科学出版

大川隆法ベストセラーズ・反核平和運動を検証する

アインシュタインの警告
反原発は正しいか

原発力の父が語る反原発運動の危険性と原発の必要性──。感情論で暴走する反原発運動に、アインシュタイン博士が警鐘を鳴らす。

1,400円

大江健三郎に「脱原発」の核心を問う
守護霊インタビュー

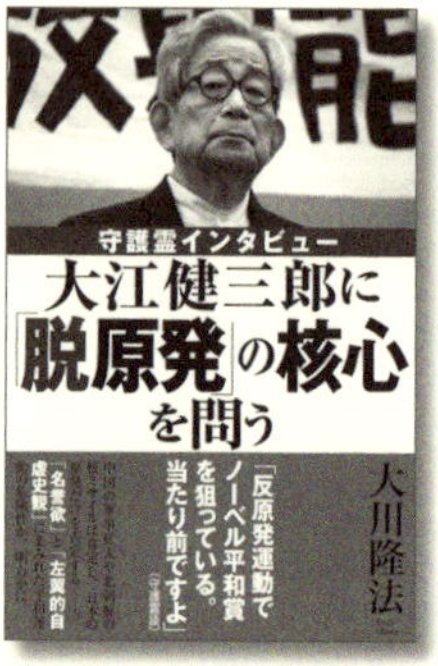

左翼思想と自虐史観に染まった自称「平和運動家」の矛盾が明らかに！ 大江氏の反日主義の思想の実態が明らかになる。

1,400円

核か、反核か
社会学者・清水幾太郎の霊言

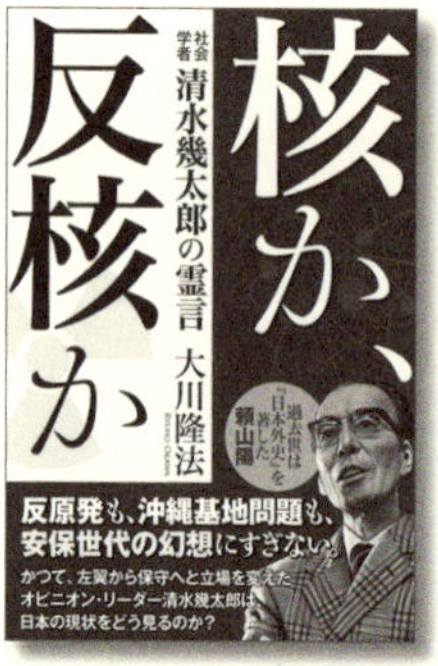

左翼勢力の幻想に、日本国民はいつまで騙されるのか？ 左翼から保守へと立場を変えた清水幾太郎が、反核運動の危険性を分析する。

1,400円

※表示価格は本体価格（税別）です。

大川隆法ベストセラーズ・日本の未来と繁栄を祈って

今上天皇・元首の本心
守護霊メッセージ

竹島、尖閣の領土問題から、先の大戦と歴史認識問題、そして、民主党政権等について、天皇陛下の守護霊が自らの考えを語られる。

1,600円

神武天皇は実在した
初代天皇が語る日本建国の真実

神武天皇の実像と、日本文明のルーツが明らかになる。現代日本人に、自国の誇りを取り戻させるための「激励のメッセージ」!

1,400円

天照大神《あまてらすおおみかみ》のお怒りについて
緊急神示　信仰なき日本人への警告

無神論で日本を汚すことは許さない！　日本の主宰神・天照大神が緊急降臨し、国民に厳しい警告を発せられた。

1,300円

幸福の科学出版

大川隆法ベストセラーズ・日本の政治を立て直す

坂本龍馬 天下を斬る！
日本を救う維新の気概

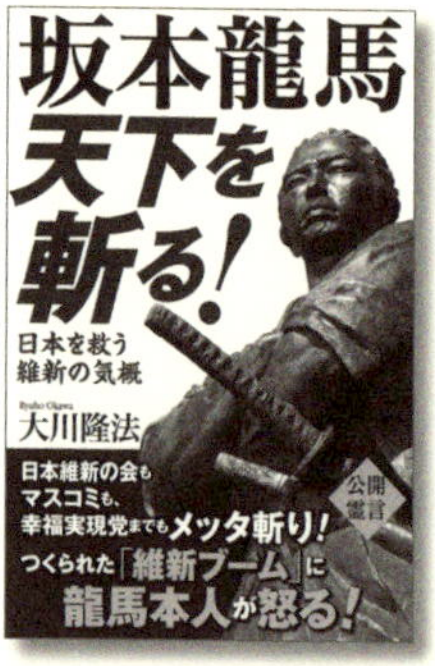

信念なき「維新ブーム」に物申す！
混迷する政局からマスコミの問題点まで、再び降臨した坂本龍馬が、現代日本を一刀両断する。
【幸福実現党刊】

1,400円

橋本左内、平成日本を啓発す
稚心を去れ！

安逸を貪る日本人よ、志を忘れていないか。国防危機が現実化しても、毅然とした態度を示せない日本を、明治維新の先駆者が一喝！
【幸福実現党刊】

1,400円

守護霊インタビュー
石原慎太郎の本音炸裂

「尖閣・竹島問題」から「憲法改正」「政界再編」まで——。石原都知事の「本音」を守護霊に直撃!! 包みかくさず語られたその本心に迫る。
【幸福実現党刊】

1,400円

※表示価格は本体価格（税別）です。

大川隆法ベストセラーズ・神秘の扉が開く

神秘の法

次元の壁を超えて

2012年10月6日 ロードショー

この世とあの世を貫く秘密を解き明かし、あなたに限界突破の力を与える書。この真実を知ったとき、底知れぬパワーが湧いてくる！

1,800円

公式ガイドブック①
映画「神秘の法」が明かす近未来シナリオ

［監修］大川隆法

この世界は目に見える世界だけではない。映画「神秘の法」に込めた願いが熱く語られる、近未来予言映画第2弾の公式ガイドブック。

1,000円

幸福の科学出版

幸福の科学グループのご案内

宗教、教育、政治、出版などの活動を通じて、地球的ユートピアの実現を目指しています。

宗教法人　幸福の科学

一九八六年に立宗。一九九一年に宗教法人格を取得。信仰の対象は、地球系霊団の最高大霊、主エル・カンターレ。世界百カ国に迫る国々に信者を持ち、全人類救済という尊い使命のもと、信者は、「愛」と「悟り」と「ユートピア建設」の教えの実践、伝道に励んでいます。

（二〇一二年八月現在）

公式サイト
http://www.happy-science.jp/

愛

幸福の科学の「愛」とは、与える愛です。これは、仏教の慈悲《じひ》や布施《ふせ》の精神と同じことです。信者は、仏法真理をお伝えすることを通して、多くの方に幸福な人生を送っていただくための活動に励んでいます。

悟り

「悟り」とは、自らが仏の子であることを知るということです。教学《きょうがく》や精神統一によって心を磨き、智慧《ちえ》を得て悩みを解決すると共に、天使・菩薩《ぼさつ》の境地を目指し、より多くの人を救える力を身につけていきます。

ユートピア建設

私たち人間は、地上に理想世界を建設するという尊い使命を持って生まれてきています。社会の悪を押しとどめ、善を推し進めるために、信者はさまざまな活動に積極的に参加しています。

国内外の世界で貧困や災害、心の病で苦しんでいる人々に対しては、現地メンバーや支援団体と連携して、物心両面に渡り、あらゆる手段で手を差し伸べています。

年間３万人を超える自殺者を減らすため、全国各地で街頭キャンペーンを展開しています。

公式サイト
http://www.withyou-hs.net/

ヘレン・ケラーを理想として活動する、ハンディキャップを持つ方とボランティアの会です。視聴覚障害者、肢体不自由な方々に仏法真理を学んでいただくための、さまざまなサポートをしています。

公式サイト
http://www.helen-hs.net/

INFORMATION

お近くの精舎・支部・拠点など、お問い合わせは、こちらまで！
幸福の科学サービスセンター
TEL. 03-5793-1727（受付時間 火～金：10～20時／土・日：10～18時）
幸福の科学グループサイト **http://www.hs-group.org/**

教育

学校法人 幸福の科学学園

幸福の科学学園中学校・高等学校は、幸福の科学の教育理念のもとにつくられた学校です。人間にとって最も大切な宗教教育の導入を通じて精神性を高めながら、ユートピア建設に貢献する人材輩出を目指しています。

幸福の科学学園
中学校・高等学校（男女共学・全寮制）
2010年4月開校・栃木県那須郡

TEL 0287-75-7777
公式サイト
http://www.happy-science.ac.jp/

関西校（2013年4月開校予定・滋賀県）
幸福の科学大学（2015年開学予定）

仏法真理塾「サクセスNo.1」

小・中・高校生が、信仰教育を基礎にしながら、「勉強も『心の修行』」と考えて学んでいます。

TEL 03-5750-0747（東京本校）

心の面からのアプローチを重視して、不登校の子供たちを支援しています。また、障害児支援の「**ユー・アー・エンゼル!**」運動も行っています。

不登校児支援スクール「ネバー・マインド」

幼少時からの心の教育を大切にして、信仰をベースにした幼児教育を行っています。

エンゼルプランV

NPO 活動支援

いじめから子供を守ろう! ネットワーク

学校からのいじめ追放を目指し、さまざまな社会提言をしています。また、各地でのシンポジウムや学校への啓発ポスター掲示等に取り組むNPO「いじめから子供を守ろう！ネットワーク」を支援しています。

公式サイト **http://mamoro.org/**

ブログ **http://mamoro.blog86.fc2.com/**

相談窓口 **TEL.03-5719-2170**

政治

幸福実現党

内《ない》憂《ゆう》外《がい》患《かん》の国難に立ち向かうべく、二〇〇九年五月に幸福実現党を立党しました。創立者である大川隆法党名誉総裁の精神的指導のもと、宗教だけでは解決できない問題に取り組み、幸福を具体化するための力になっています。

党員の機関紙
「幸福実現News」

TEL 03-6441-0754
公式サイト
http://www.hr-party.jp/

出版 メディア 事業

幸福の科学出版

大川隆法総裁の仏法真理の書を中心に、ビジネス、自己啓発、小説など、さまざまなジャンルの書籍・雑誌を出版しています。他にも、映画事業、文学・学術発展のための振興事業、テレビ・ラジオ番組の提供など、幸福の科学文化を広げる事業を行っています。

TEL 03-5573-7700
公式サイト
http://www.irhpress.co.jp/

入会のご案内

あなたも、幸福の科学に集い、
ほんとうの幸福を
見つけてみませんか？

幸福の科学では、大川隆法総裁が説く仏法真理をもとに、
「どうすれば幸福になれるのか、また、
他の人を幸福にできるのか」を学び、実践しています。

入会

大川隆法総裁の教えを学ぼうとする方なら、どなたでも入会できます。入会された方には、『入会版「正心法語」』が授与されます。（入会の奉納は1,000円目安です）

ネットでも**入会**できます。詳しくは、下記URLへ。

三帰《さんき》誓願《せいがん》

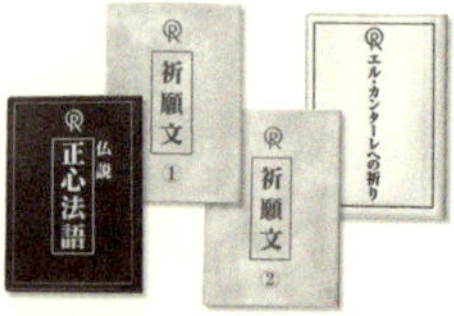

仏弟子としてさらに信仰を深めたい方は、仏・法・僧の三宝への帰依を誓う「三帰誓願式」を受けることができます。三帰誓願者には、『仏説・正心法語』『祈願文①』『祈願文②』『エル・カンターレへの祈り』が授与されます。

植福《しょくふく》の会

植福は、ユートピア建設のために、自分の富を差し出す尊い布施の行為です。布施の機会として、毎月1口1,000円からお申込みいただける、「植福の会」がございます。

「植福の会」に参加された方のうちご希望の方には、幸福の科学の小冊子（毎月1回）をお送りいたします。詳しくは、下記の電話番号までお問い合わせください。

月刊
「幸福の科学」

ザ・伝道

ヤング・ブッダ

ヘルメス・
エンゼルズ

INFORMATION	**幸福の科学サービスセンター** TEL. **03-5793-1727**（受付時間 火〜金：10〜20時／土・日：10〜18時） 宗教法人 幸福の科学 公式サイト **http://www.happy-science.jp/**